LARGE PRINT
Book For Adults

Word Search

Volume 3

Rules

Locate the given words in the grid, running in one of eight possible directions horizontally, vertically, or diagonally.

Please review

"If you enjoyed our product, it would be greatly appreciated if you could leave a review so others can receive the same benefits you have. Your review will help us see what is and what isn't working so we can serve you better and all our other customers even more."

MyLibrary Pressbook

Contents

Beach.. 5

Birds.. 9

Birthday... 13

Buildings... 17

Camping.. 21

Cars.. 25

Clothing.. 29

Countries... 33

Dance... 37

Dogs... 41

Energy.. 45

Family.. 49

Farm.. 53

Food.. 57

Happiness.. 61

Herbs And Spices.. 65

House... 69

Kitchen... 73

Money... 77

Music... 81

Ocean... 85

Plants... 89

Restaurant.. 93

Spring... 97

Time.. 101

Solution.. 105

Beach Puzzle 1

```
X  R  S  A  L  T  W  A  T  E  R  T  A  F  F  Y
F  S  J  J  T  S  E  A  S  T  A  R  P  U  S  G
R  B  O  O  G  I  E  B  O  A  R  D  P  E  S  K
G  A  F  A  Q  Z  I  T  Y  N  F  C  S  P  A  B
K  S  V  C  L  Q  S  W  U  E  U  S  V  I  N  L
J  R  A  T  R  I  P  S  P  P  A  J  K  E  D  Y
H  F  Z  N  I  G  N  A  E  L  E  B  X  R  D  T
W  U  R  P  D  G  C  V  G  Q  R  D  I  R  O  X
J  G  P  F  N  Q  O  N  X  Z  J  F  E  J  L  G
L  E  M  A  Z  R  U  M  H  L  Y  T  O  X  L  W
M  F  N  X  G  S  G  S  A  I  A  U  Z  L  A  Z
K  M  M  N  W  L  M  U  K  W  C  Y  V  Z  R  M
W  N  A  G  L  P  R  P  T  B  H  H  S  Y  V  Z
O  M  N  U  H  N  G  L  M  F  T  Z  N  U  G  F
V  T  G  A  I  B  A  A  X  A  L  H  A  I  R  K
W  H  V  X  H  S  G  C  O  O  L  E  R  I  A  V
```

BOOGIE BOARD	CAPE	COOLER
GULL	MANGROVE	PIER
SALTWATER	SALTWATER TAFFY	SAND
SAND DOLLAR	SEA STAR	SUN
SUNGLASSES	TRIP	YACHT

Beach Puzzle 2

```
F R I S B E E I J I K A X Y V G
L W Z Y P I V I H K I B P L E X
I A M H U B I O V A D M L R M A
N T B I K I N I J R N E T E S P
T E S S Y R L O A I H G N L Q B
E R B E A C H O E S S O F C G N
R B S N I Y B E C O I L B I I H
T O R R K F R R B L S S A R V W
I T O Q R T N J F P T P E N P E
D T S U M S T H A N N D K U D N
A L S L E M S C E H I N Z E T Q
L E A V V I E R J T K B T O Q P
Z P A H F T R I V V P K K J M B
O W W D I U Z X X A H F U W B A
N A B H C A Q X W H U M Q H N A
E T W F G E F L V T Q L C K T I
```

BEACH	BIKINI	CURRENTS
FISH	FRISBEE	HANG FIVE
INTERTIDAL ZONE	ISLAND	PALM TREE
SHELL	SURFBOARD	TIDE
WATER BOTTLE	WAVES	WHITECAPS

Beach Puzzle 3

```
B  B  I  B  A  T  H  I  N  G  S  U  I  T  A  R
L  U  G  Q  S  Q  U  R  E  B  B  T  I  D  E  E
G  I  L  T  W  S  C  H  R  L  F  C  D  K  A  U
E  E  R  A  M  E  W  S  H  A  P  B  S  B  V  Y
N  V  Y  Y  X  F  D  I  U  K  R  P  K  I  P  K
W  W  Q  K  K  A  Z  O  M  E  M  E  S  H  I  P
L  G  K  Q  C  I  S  M  W  T  Z  P  S  I  L  T
A  L  F  B  S  U  N  B  U  R  N  M  H  T  T  F
K  P  D  C  O  A  S  T  J  L  R  U  V  I  I  Y
E  V  O  L  L  E  Y  B  A  L  L  S  L  L  D  G
S  Q  U  N  D  E  R  T  O  W  L  I  K  F  E  W
H  L  I  F  E  J  A  C  K  E  T  H  H  K  P  C
O  R  F  L  B  G  I  L  S  P  K  S  G  P  O  H
R  N  D  O  B  T  A  S  L  L  V  I  C  V  O  X
E  U  W  B  V  C  U  E  B  B  M  W  J  T  L  H
T  W  G  X  A  M  K  X  R  H  N  Y  U  L  V  C
```

BATHING SUIT	COAST	EBB TIDE
KELP	LAKE	LAKESHORE
LIFE JACKET	MUSSELS	REST
SHIP	SUNBURN	SWIM
TIDE POOL	UNDERTOW	VOLLEYBALL

Beach Puzzle 4

```
H K P S O G S E Y V U J X M Y Y
U N Z M W F D F B O A T P E H V
N S Y I H I F B F U X U Z N A Z
D D U Q I A M C R A B P R R T U
E S Z N T P S F N S K R V E A L
R A A A B E A D I L E S N E Z Q
W M Y N H A S D A N W A G F I H
A A O P D O T W D L S D G U L B
T E W L J C D H E L S K V U I N
E Y V V F R A V E A E I E X L X
R V N F A C V S A N D B A R U L
J M F O Z W M R T F O M O Z D E
E Y B T I J O G S L B C G A T B
S K K Q Z B K H T G E L E J T Z
Y O C K L N D L O N G B O A R D
S P Y J V S G X T T I E H E N Q
```

BOARDWALK	BOAT	CRAB
HAT	LONGBOARD	OCEAN
PADDLEBOAT	REEF	SANDBAR
SANDCASTLE	SEAGULL	SUNBATHE
SWIM FINS	TAFFY	UNDERWATER

Birds Puzzle 5

R A E P R A V U Z D Q Z H O V G
Z C K L Z X V D R Z B X H O S H
N W T W U D R I X V I O F I H A
W E O O L I B I D N E N H I E R
O L I B B G M L O R C L J F A P
B B G E N X H O U H E N M B R Y
W S U I Z D M R K A Q J I G W E
X L K H O S Z I I K X G A O A A
B E H O P A J K L A O A K Y T G
I F D O K J N E D K R U R D E L
U C V X A G O E E A D T D P R E
U A Z P U T R T E P P U F F I N
O R Q G R L Z J R O R K L R U L
L T F B J V Y I N U S Z J C E G
D N L H U M M I N G B I R D D T
G R E A T E G R E T H B U W G M

BLUEBIRD   GREAT EGRET   HARPY EAGLE
HEN   HOATZIN   HUMMINGBIRD
JAY   KAKAPO   KILDEER
KINGBIRD   LORIKEET   PUFFIN
SHEARWATER

Birds Puzzle 6

```
B B A A S W X R D X Q X V B H W
S X E C A R D I N A L V B O R Q
D I N O R N I S N Z Z L X B H A
T P N K C U C K O O O X W O M F
M W A E D K T J H G K K G L L R
E H U B T W C U M H X O R I J I
A I N I C L F O W Z W L E N M C
D T S T O R K S R L A G B K G A
O E O B B C F T I M N X E Y N N
W P D L L A F R A J O C N I L P
L E K E Y U Z I R P T R T A Z E
A L T K F G M C S E E R A F T N
R I J V L X T H E W A S D N I G
K C O W B I R D B M G P X V T U
L A P Q V N P E A F O W L K P I
B N P P F K M D I Z A R L I E N
```

AFRICAN PENGUIN	DINORNIS	APES
BOBOLINK	CARDINAL	CORMORANT
COWBIRD	CUCKOO	GREBE
MARTIN	MEADOWLARK	OSTRICH
PEAFOWL	STORK	WHITE PELICAN

Birds Puzzle 7

```
E  G  T  A  P  E  L  R  U  B  K  R  Z  D  S  M
R  I  L  W  P  I  A  R  Y  W  E  Q  M  U  R  Y
E  H  Q  D  U  D  O  X  A  S  J  W  X  L  H  R
D  M  W  N  O  F  A  H  N  T  S  E  S  D  N  H
T  F  M  P  V  D  T  A  G  P  L  S  S  M  P  O
A  O  A  J  Q  H  G  I  O  P  O  L  T  T  M  D
I  W  I  I  G  R  E  N  Z  R  C  O  A  U  T  E
L  O  L  I  E  D  E  G  T  A  G  N  R  O  T  I
E  O  N  M  P  X  N  A  G  C  X  G  L  J  P  S
D  D  O  G  K  P  B  W  L  O  F  S  I  O  A  L
H  P  G  Q  S  L  I  S  L  Z  A  P  N  R  R  A
A  E  Z  Q  A  G  W  A  L  B  X  U  G  I  A  N
W  C  F  R  I  G  A  T  E  B  I  R  D  O  K  D
K  K  N  A  N  D  U  S  I  K  E  C  O  L  E  R
C  E  S  B  D  O  X  P  E  C  K  E  R  E  E  E
Z  R  B  F  U  G  Y  D  V  D  J  U  Z  P  T  D
```

RHODE ISLAND RED		ALBATROSS
EGG	FRIGATEBIRD	LONGSPUR
MERGANSER	NANDU	NIGHTHAWK
ORIOLE	OXPECKER	PARAKEET
RED-TAILED HAWK	STARLING	WOODPECKER
XENOPS		

Birds Puzzle 8

```
D U N Q L R A Q I W K G L S W F
R S L F Y G I D U U X K S W J N
I D A Y J P V S L E B N V J W E
N J T H R U S H W Z T A Z G O N
G P V T I K L K W S Z Z M E M E
B E T A F Y Y M A C A W A A W K
I T I C C O E E H U K J L L L R
L R P U Q E H M I N C U B A T E
L E G I M Q E J Z X H H S G D M
E L S D A B U Y K A Q B Y H Y K
D I R N L I B I S P T I Z H E R
G Z P E L I C A N T H L V Y U U
U E V O X O S P R E Y L V V A U
L B U L L F I N C H H S Q R K D
L X L A F K B A L D E A G L E E
V S B I R D O F P A R A D I S E
```

BALD EAGLE	BILL	BIRD OF PARADISE
BULLFINCH	IBIS	INCUBATE
MACAW	NENE	OSPREY
PELICAN	PETREL	QUETZAL
RING-BILLED GULL	THRUSH	

Birthday Puzzle 9

```
L  D  B  C  E  L  E  B  R  A  T  I  O  N  U  C
J  C  D  K  X  V  I  K  J  N  M  V  T  I  Z  T
G  F  T  D  Z  Y  S  V  O  M  G  Q  C  N  O  H
K  P  V  Y  D  U  J  W  X  R  W  C  G  V  D  A
C  C  A  N  D  Y  I  P  E  L  P  X  R  I  I  N
W  I  W  J  T  X  Z  D  E  E  G  F  G  T  N  K
R  H  R  F  V  P  H  T  W  K  T  W  C  E  V  Y
A  T  R  H  P  K  P  Y  I  E  V  S  N  E  I  O
P  H  X  R  A  Q  N  E  V  V  C  W  J  I  T  U
P  A  I  P  I  R  Z  A  H  E  O  Y  I  Q  A  N
E  N  H  K  M  B  A  R  O  L  G  I  F  T  T  O
D  K  O  Z  L  T  B  O  C  P  L  Z  C  I  I  T
M  Y  A  K  A  C  Z  O  B  R  T  V  G  N  O  E
N  O  H  I  M  X  A  U  N  T  Y  Y  K  R  N  R
H  U  P  K  F  N  L  D  G  U  E  S  T  S  F  Z
E  H  R  E  C  E  I  V  E  Y  F  D  Y  L  H  W
```

CANDY	CELEBRATION	CLOWN
GIFT	GUESTS	INVITATION
INVITE	PIÑATA	RECEIVE
RIBBON	SWEETS	THANK YOU
THANK YOU NOTE	WRAPPED	YEAR

Birthday Puzzle 10

```
I W G O O D I E B A G S M B K N
I H D A Q F T F Z F Z P B V B Q
U U U K R O B I T A O R J G N U
M B P Y X P H L H C I O N W Y L
D E A Y P M A T O A J I D B P W
E K U L Y M R P G W T U I L M Y
G O B Y L I F U E S O I I J C Y
A V K U B O K E O R O U Y C V D
T B I S Q G O R S C P R T W E M
H O F T K E F N Z T R L Y Z E O
E X S W Y T B J D E I T A K G Y
R T Q A X Y N A N M R V A T X I
I H L K A M D N P A K C E O E J
N P V R P O A W P T P S Z P R K
G G D J I B V J W U D T I Z X Z
G J J W L Q M L C A D N H U J P
```

BALLOON	BANNER	BIRTH
BLOW OUT	CUPCAKE	FESTIVE
FOOD	FROSTING	GATHERING
GET	GOODIE BAGS	JUICE
PAPER PLATE	PARTY	PLAY

Birthday Puzzle 11

```
F U H J J E G K F M T O Y S Y U
O E K F A O I X K A H A P P Y R
R X A Z R I F V A Y L T R T R N
C B Z K T K T X G L G G X E D J
W I R B O P W D W Y N X L H Y K
P E O I L W R F I I Z K M K R B
B B S R P O A D D C R X P B N S
B I E T P M P G N A E O E C K V
U R G H R Q N U P C P C E X D M
D T T D H I F S P I O L R E T Z
K H M A W U E R L N D O O E G Z
I D Z Y L W M L X N X D K C A I
K A I I N R O T A K H Y Y I S M
L T T M E L M C N T U L T I E H
B E S T X N O I S E M A K E R O
G R W R A P P I N G P A P E R X
```

BIRTH DATE	BIRTHDAY	CANDLE
COOKIE	FUN	GIFT WRAP
HAPPY	ICE CREAM	LOLLIPOP
NOISEMAKER	PIZZA	SPARKLER
TOYS	WINGDING	WRAPPING PAPER

Birthday Puzzle 12

```
G Z F R I E N D S B I R P T C F
S J O C S F J G J E A F L F M L
T R P A K J Q O T G R X A Z Q O
P J E R C F U A E H S I N Y V F
C O W D H H R B G V V A G T B L
O M P Y E B I T I V P A H Z N V
N C G S E M N L H L C W Y L A L
F H A L I T M N D B E N U P G J
E O E M O C H W I S H E O N I V
T C N L O X L Q K T P A I N B E
T O P C V D I E G T X C C K A M
I L B I Y G V K W I I T Y X S R
L A R W A E V E N T V R E H H D
A T G K P W G G C U S E N A G O
Z E L C J K R W O O I A R Q A E
G I G D D U K D S E F T G E S U
```

BASH	CARD	CELEBRATE
CHILD	CHOCOLATE	CONFETTI
EVENT	FRIENDS	GIVE
ICING	JUBILEE	POPSICLE
RSVP	TREAT	WISH

Buildings Puzzle 13

```
N  B  O  W  L  I  N  G  A  L  L  E  Y  J  K  N
U  C  A  T  S  S  H  E  D  E  K  J  F  I  T  X
E  P  V  Q  F  D  N  N  M  K  Y  Y  D  T  J  I
M  S  B  U  U  P  B  O  Q  L  L  U  H  F  T  W
P  N  H  J  O  E  H  M  M  C  E  D  J  Y  C  J
L  G  R  Z  F  F  D  D  B  A  B  H  W  F  A  R  M
A  A  O  W  N  A  V  U  S  B  R  E  F  V  T  A
Y  S  U  A  C  R  W  C  C  J  D  M  E  R  Z  S
H  S  N  T  W  M  P  J  S  T  Z  G  O  E  P  L
O  T  D  E  Z  H  N  J  F  I  A  X  W  R  V  N
U  A  H  R  A  O  B  R  X  T  L  D  L  Z  Y  M
S  T  O  M  B  U  I  Q  T  S  C  O  W  B  F  R
E  I  U  I  A  S  J  O  W  X  A  O  O  O  H  E
X  O  S  L  V  E  C  K  G  R  B  H  L  M  U  L
D  N  E  L  L  D  B  O  D  K  I  F  L  L  U  Y
K  S  Y  N  A  G  O  G  U  E  N  B  J  N  M  X
```

AQUEDUCT	ARMORY	BOWLING ALLEY
CABIN	COTTAGE	FARM
FARMHOUSE	GAS STATION	HOME
PLAYHOUSE	ROUNDHOUSE	SHED
SILO	SYNAGOGUE	WATERMILL

Buildings Puzzle 14

```
A B S O V S D W E L L I N G C X
Z K U J L O A S Y M P H O N Y Z
P O W E R P L A N T Y W O T L I
F I T H U N T I N G L O D G E O
G O G G R E E N H O U S E W K R
M R E C T O R Y J C Y U X L X R
C X K B D C Y L Z W M J L V D P
W R A S U J A E M I L A X G W S
E P H L J A S R P J M U R Z L H
C J S J S U N I P P Q K Z K N H
D D W Z O P T R I O Y H L I E X
C J N H S M Q R Y G R X Q D N T
D X W U W Y T V Z A N T K X E T
M O J P U S J W E E V X X H J H
R D H O U S E B O A T W Z Y V V
D S T A T E H O U S E Y U Z O K
```

CARPORT	DWELLING	GREENHOUSE
HOUSEBOAT	HUNTING LODGE	MARKET
MOTEL	POWER PLANT	RECTORY
ROWHOUSE	STATEHOUSE	STRIP MALL
SYMPHONY	TIPI	

Buildings Puzzle 15

```
C T O W N H O U S E K C V A K Z
E M E P Y N Q G E J S H A C K I
G R S T A T I O N F X S P V F W
U C O N S E R V A T O R Y U E L
H W F F I R E H O U S E E E M C
S D N C L W X C H U R C H H B R
A Q O K J Z M A N O R H N N A Z
Y H E B U N G A L O W N V Q S N
B F F I C X N S H R I N E Z S Y
B F E K C G A Z E B O G T A Y F
V A I R C R A F T H A N G A R T
X K B O A R D I N G H O U S E B
Q M I K M M N X K T R I P L E X
B M J H E A D Q U A R T E R S F
E A S D G N F Y L F C Q I M D T
N J J L D T H O G C B E M A L A
```

AIRCRAFT HANGAR
BUNGALOW
EMBASSY
HEADQUARTERS
SHRINE
TRIPLEX

CHURCH
FIREHOUSE
MANOR
STATION

BOARDING HOUSE
CONSERVATORY
GAZEBO
SHACK
TOWNHOUSE

Buildings Puzzle 16

```
O  C  W  L  W  U  U  N  I  D  C  G  B  M  S  L
N  T  T  H  E  A  T  E  R  R  I  E  U  P  P  S
V  E  M  G  G  E  T  D  U  T  F  I  V  T  L  C
F  M  I  B  R  T  G  H  E  E  N  X  N  Z  I  H
O  P  F  P  L  L  U  L  S  I  N  E  U  F  T  O
R  L  C  V  L  P  A  U  M  N  T  E  T  H  L  O
T  E  C  Z  F  H  O  O  A  N  D  T  K  N  E  L
R  S  M  D  C  H  D  E  O  J  N  C  M  I  V  V
E  H  N  R  T  N  E  S  W  G  G  N  L  Y  E  L
S  U  R  U  O  H  I  C  N  A  F  M  W  L  L  U
S  C  O  C  T  R  E  E  H  O  U  S  E  N  H  F
B  N  P  D  P  J  U  T  F  K  S  F  G  H  O  T
J  S  S  M  O  K  E  S  T  A  C  K  I  O  U  W
T  E  R  M  I  N  A  L  J  C  X  G  E  X  S  A
N  H  V  S  Q  D  O  U  B  L  E  W  I  D  E  O
V  L  F  I  R  E  S  T  A  T  I  O  N  P  O  C
```

CHALET	CONDOMINIUM	DOUBLE WIDE
FIRE STATION	FORTRESS	OUTHOUSE
PRISON	SCHOOL	SMOKESTACK
SPLIT-LEVEL HOUSE		TEMPLE
TENT	TERMINAL	THEATER
TREEHOUSE		

Camping Puzzle 17

```
G Y P E O M Z D U B N Z B W I U
A O C T C V C P S R L R F Y Q N
S P W P D A Y V E Q G Y T Q J X
Z R C Q F H M T Y O U T S I D E
P R U A A I N P A U H D N K O M
S Y R J N A S W E D W U F N N J
T J L G L O X H Y R S M E E C N
A C Y B J B E T I K P E E M V T
T H T I N S E C T N T R C H M H
E O U T D O O R S N G U A U K V
P V V O B Q W J A R W Y M N U T
A P K K G C V C E S C B P T E E
R U B A M B U V S T C Y F I V O
K Z H A D V E N T U R E I N W F
L U A B X X M B U X Y R R G U B
L G T G J T R I Z T F V E Y G I
```

ADVENTURE	CAMPER	CAMPFIRE
CANOE	CANTEEN	EVERGREEN
FISHING	HAT	HUNTING
INSECT	LANTERN	OUTDOORS
OUTSIDE	STATE PARK	SUN

Camping Puzzle 18

```
M I L C B J J L C W J A F K B S
F T T O A D U F B O O T S H T A
U L P E T R I Q M O O N O Z V N
X V W S D Q A C R I E H C A I Z
W W E Q N I L V J K K D Q A U D
W V E A K A X M A K I S T Z R V
V P A R K U T L X N B N Y Q H Z
E S C S T A Y I L E U Q S H X M
Q O O F V S E Q O O K V H J V K
U U M R K S G J M N Z T R T Z P
I V P E D F R O P E A R K F V A
P X A B G O R P S P P L O V M P
M O S D G V G J U A X G P S E W
E L S E H E M C T E D M B A H S
N X V H F S A F A G E S V Z R W
T W O O D S X R P U I Q B K I K
```

BOOTS	CARAVAN	COMPASS
EQUIPMENT	GEAR	GORP
LAKE	MOON	MOUNTAIN
NATIONAL PARK	PARK	PATH
ROPE	VEST	WOODS

Camping Puzzle 19

```
K  H  S  K  M  M  W  I  L  D  L  I  F  E  Z  M
S  E  M  B  N  B  O  T  E  N  T  A  S  C  Z  G
U  X  D  W  A  T  E  R  B  O  T  T  L  E  T  F
N  S  Q  S  H  Z  P  U  G  T  U  F  V  B  A  T
S  L  C  M  T  O  L  G  N  R  H  R  N  Z  O  M
C  E  T  V  M  A  P  E  R  X  A  C  L  I  M  B
R  E  R  K  I  T  T  P  Z  A  M  K  X  U  K  T
E  P  A  Q  N  P  Z  K  W  V  M  M  Q  E  G  B
E  I  I  A  U  A  M  O  A  T  O  M  H  B  T  L
N  N  L  P  P  I  P  V  M  U  C  T  J  Q  R  G
Z  G  E  X  B  E  Q  S  F  K  K  C  Y  J  I  B
S  B  R  U  L  F  X  I  A  J  W  V  D  D  P  H
K  A  Y  D  E  B  B  T  M  C  T  T  J  Z  S  K
I  G  D  G  L  O  Z  K  C  R  K  A  F  E  R  N
U  A  H  I  K  I  N  G  B  O  O  T  S  N  U  M
P  V  D  A  Y  P  A  C  K  L  Y  N  U  U  A  V
```

CLIMB	DAY PACK	HAMMOCK
HIKING BOOTS	KNAPSACK	MAP
PADDLE	PUP TENT	SLEEPING BAG
SUNSCREEN	TENT	TRAILER
TRIP	WATER BOTTLE	WILDLIFE

Camping Puzzle 20

```
V  B  A  C  K  P  A  C  K  I  T  R  Z  T  U  A
C  M  F  E  J  Z  I  X  X  R  U  I  D  R  I  G
A  A  V  Y  F  B  W  V  V  R  D  D  A  A  Q  U
C  A  M  P  U  L  O  Z  Y  P  C  U  F  I  D  K
W  N  P  P  I  U  A  Z  T  L  Y  G  L  L  O  N
C  I  W  M  G  Q  S  S  L  F  V  O  U  M  A  S
H  M  A  G  X  R  E  R  H  U  L  U  P  I  R  Z
K  A  L  G  R  R  O  W  S  L  S  T  Y  X  V  W
Z  L  K  T  O  Z  Z  U  A  Z  I  T  R  C  K  W
W  S  I  F  G  T  H  F  N  X  C  G  A  H  A  C
W  J  N  Y  Y  M  R  X  R  D  A  T  H  R  W  S
O  R  G  C  I  E  X  E  U  X  B  L  R  T  S  Z
A  L  I  H  T  H  E  N  E  W  I  S  J  A  S  N
U  C  X  A  I  L  N  B  U  S  N  G  D  V  I  J
P  H  W  V  B  M  M  Y  J  Q  W  C  M  Y  B  L
R  D  E  H  Y  D  R  A  T  E  D  F  O  O  D  E
```

ANIMALS	BACKPACK	CABIN
CAMPGROUND	DEHYDRATED FOOD	
DUGOUT	FLASHLIGHT	FOREST
OAR	STARS	TRAIL
TRAIL MIX	TREES	WALKING
WATERFALL		

Cars Puzzle 21

```
O  S  O  L  A  R  P  O  W  E  R  E  D  X  J  I
K  E  M  W  F  K  R  J  A  R  U  O  C  A  R  F
S  H  Q  I  U  N  D  B  Q  C  E  H  G  C  O  L
A  W  P  T  S  Z  L  S  X  P  B  N  G  F  P  A
W  V  W  Z  E  Q  W  O  U  P  O  D  N  O  H  I
T  X  L  R  D  U  E  O  O  G  N  T  M  P  U  B
E  D  Y  H  A  T  C  T  A  Q  K  I  Z  R  M  B
Y  B  Z  X  N  K  H  W  V  C  X  Y  E  V  V  N
I  N  U  D  Y  T  N  T  A  X  I  K  U  J  E  I
B  D  E  E  O  O  L  P  S  I  N  G  G  Q  E  E
P  S  U  L  I  N  O  Z  G  U  R  J  W  Z  S  J
A  A  C  T  Z  T  Z  P  H  X  J  P  N  R  B  C
S  F  A  N  D  D  O  Z  S  A  A  E  A  D  G  C
S  T  D  R  M  S  L  V  P  U  W  E  C  X  R  P
S  I  A  U  V  K  D  K  J  T  H  Z  O  H  I  L
P  H  G  H  P  K  J  F  V  O  A  O  M  O  Q  H
```

AUTO	CAR	CLOTH-TOP
COUPE	HARDTOP	HEARSE
HUMVEE	SEDAN	SOLAR POWERED
STATION WAGON	TAXI	

Cars Puzzle 22

```
V  T  H  W  C  O  G  O  C  F  J  L  O  P  J  S
N  E  V  Q  S  X  S  F  W  C  D  Z  H  M  E  Y
P  S  Y  M  B  G  L  O  J  S  P  C  H  J  W  C
G  K  F  I  H  B  V  U  E  Q  S  C  Y  J  D  O
G  A  R  N  A  H  F  R  J  A  V  X  K  E  R  N
Z  I  O  I  T  N  Y  D  Z  S  I  I  D  Y  A  V
J  M  A  V  C  C  M  O  L  L  O  I  P  Z  G  E
O  A  D  A  H  S  J  O  L  M  R  R  X  T  S  R
G  A  S  N  B  W  J  R  I  B  A  E  O  M  T  T
G  J  T  L  A  R  D  L  Y  C  P  Y  S  B  E  I
Z  Q  E  J  C  Y  D  H  Y  O  D  C  T  I  R  B
V  L  R  D  K  Z  H  R  T  H  O  T  W  H  T  L
I  H  V  A  N  G  U  G  E  V  J  B  T  A  V  E
N  U  V  U  S  X  A  Z  U  C  R  O  U  O  F  N
F  S  M  I  U  R  W  Y  X  X  P  C  N  V  P  A
A  G  A  L  K  V  T  A  X  I  C  A  B  V  O  Z
```

CONVERTIBLE	DRAGSTER	FOUR-DOOR
HATCHBACK	HYBRID	LIMO
LUXURY CAR	MINIVAN	RAGTOP
ROADSTER	TAXI CAB	VAN

Cars Puzzle 23

```
C  V  J  B  K  L  C  R  U  I  S  E  R  I  G  Q
C  C  U  F  S  H  I  D  P  L  H  O  O  E  N  Z
J  X  R  O  T  U  D  M  J  B  U  U  J  J  H  A
P  R  A  U  O  Q  E  A  O  I  Z  O  V  O  S  C
R  G  C  R  C  F  V  S  G  U  K  X  V  I  T  J
I  P  E  W  K  D  G  S  Q  B  S  V  B  U  O  B
K  A  C  H  C  O  M  P  A  C  T  I  O  R  G  S
F  T  A  E  A  H  P  H  J  S  Y  B  N  O  S  X
M  R  R  E  R  H  A  E  Y  K  A  V  F  E  P  S
R  O  V  L  B  E  F  M  G  N  U  Y  E  I  O  E
F  L  F  D  V  U  C  S  U  H  X  J  Q  R  R  D
U  C  M  R  F  D  G  R  W  F  G  C  H  O  T  F
M  A  H  I  D  S  G  G  H  Z  F  S  F  S  S  N
W  R  Q  V  L  V  H  N  Y  X  L  Q  B  U  C  W
V  Q  B  E  G  A  S  P  O  W  E  R  E  D  A  K
U  R  O  T  A  R  Y  E  N  G  I  N  E  S  R  Q
```

BUGGY	COMPACT	CRUISER
FOUR-WHEEL DRIVE		GAS POWERED
LIMOUSINE	PATROL CAR	RACE CAR
ROTARY ENGINE	RUNABOUT	SPORTS CAR
STOCK CAR		

Cars Puzzle 24

```
O N U A U T O M O B I L E Z N S
F E L E C T R I C C A R N K Q X
F U X N C V D E O D U X F B U R
R T J C D V L P U U S E D D R K
O H O E J X T W O D O O R G S P
A E U S E H X O I A W E J Z T F
D H B U L P X M X L W Z T T R E
V M L B Z I A O H O Q D N B E Z
E Y E C L A Q W Y W N Z H R T B
H U V O Z M T V C R Y X A D C L
I T P M H B H Q Q I N M B I H J
C E L P X Q E C S D L R P U L Z
L D B A J S U V X E C U I B I N
E O A C F Y M G M R J R S G M I
D Q X T C U E S O F T T O P O V
M M G A S E L E C T R I C Q R F
```

RV	SUV	AUTOMOBILE
ELECTRIC CAR	GAS-ELECTRIC	JEEP
LOW-RIDER	OFF-ROAD VEHICLE	
SOFT-TOP	STRETCH LIMO	SUBCOMPACT
TWO-DOOR		

Clothing Puzzle 25

```
Z  B  G  S  W  E  A  T  S  H  I  R  T  H  A  H
Z  Y  B  O  S  S  W  J  P  W  J  Q  H  R  R  E
E  A  R  M  U  F  F  S  R  D  W  W  E  D  D  A
D  C  O  L  L  A  R  T  J  G  S  Y  X  C  O  D
Q  Z  I  L  O  E  P  U  L  L  O  V  E  R  W  S
F  V  N  E  I  L  B  I  W  O  S  H  D  S  Y  C
E  V  E  N  I  N  G  G  O  W  N  L  X  X  U  A
A  S  Y  E  T  T  P  F  A  T  I  G  U  E  S  R
K  Z  V  B  I  L  E  O  T  A  R  D  L  G  L  F
J  Z  R  F  V  P  F  E  D  O  R  A  M  N  I  L
N  G  T  D  T  L  X  X  T  G  P  I  F  B  P  L
W  I  R  W  L  E  P  W  B  E  G  P  F  P  P  Y
J  R  K  F  I  A  O  B  O  S  Q  R  Q  L  E  A
P  D  S  V  Y  T  R  A  I  N  C  O  A  T  R  X
D  L  Z  C  N  P  N  E  R  L  Z  G  C  F  S  W
W  E  F  T  U  R  T  L  E  N  E  C  K  Z  T  X
```

COLLAR	EARMUFFS	EVENING GOWN
FATIGUES	FEDORA	GIRDLE
HEADSCARF	LEOTARD	PLEAT
PULLOVER	RAINCOAT	SLIPPERS
SWEATSHIRT	TURTLENECK	VEIL

Clothing Puzzle 26

B Q Q Y P K N C Y M U N U Q Z I
P R D L G V D M R B S H Y D O N
T L A B F I F O B Z H S A W O E
R C Q C J D F G O W T D N I W C
F U Q Z E I C X W S K T L N H K
O L D F N L U U T D H V O U I E
R O I U Q G E X I G P E Z X T R
M T J X H T T T E H Y B M M E C
A T X D A M I N I S K I R T T H
L E E O M O D I A P E R I I I I
W S C H B A N D A N N A U O E E
E O Z R V R G W N R G S G J P F
A H A C U T O S X O T Z C G T C
R F I G M T V U W E A H X L J Z
Q X Q T E D D Y W L N R A M X Y
U Z L Y S U S P E N D E R S R E

BANDANNA	BOW TIE	BRACELET
COAT	CULOTTES	DIAPER
FORMAL WEAR	HEM	MINISKIRT
NECKERCHIEF	SUSPENDERS	TEDDY
UNIFORM	WETSUIT	WHITE TIE

Clothing Puzzle 27

```
G  G  T  R  E  N  C  H  C  O  A  T  I  S  B  K
B  A  S  W  E  A  T  P  A  N  T  S  R  C  N  U
S  Z  H  L  X  W  G  V  L  C  O  E  F  T  H  M
C  X  O  V  E  R  A  L  L  S  X  M  J  W  A  E
H  S  O  H  K  F  M  C  M  O  R  C  S  J  Z  T
O  P  H  Y  B  A  A  B  B  T  O  F  W  U  M  W
O  A  O  X  L  S  I  W  Z  T  G  I  L  M  A  J
L  C  O  H  V  H  C  W  G  W  M  M  N  P  T  S
U  E  K  S  E  I  I  P  W  I  Q  S  D  E  S  X
N  S  A  I  Q  O  J  W  L  N  S  U  M  R  U  D
I  U  N  N  L  N  Q  R  Y  S  E  J  S  G  I  R
F  I  D  G  D  V  B  G  F  E  R  B  R  W  T  O
O  T  E  L  Z  M  M  U  A  T  J  I  O  W  Y  A
R  T  Y  E  S  T  E  T  S  O  N  H  A  T  Q  Q
M  U  E  T  E  R  U  G  B  Y  S  H  I  R  T  K
D  B  U  T  T  O  N  D  O  W  N  S  H  I  R  T
```

STETSON HAT	BOXERS	
BUTTON-DOWN SHIRT		FASHION
HAZMAT SUIT	HOOK AND EYE	JUMPER
OVERALLS	RUGBY SHIRT	SCHOOL UNIFORM
SINGLET	SPACESUIT	SWEATPANTS
TRENCH COAT	TWIN SET	

Clothing Puzzle 28

```
O  X  G  U  C  S  O  Z  K  T  F  K  Y  F  Q  X
S  W  I  M  S  U  I  T  I  K  V  R  L  N  G  O
V  N  M  H  L  A  U  U  G  P  S  E  Q  L  W  Y
Z  N  G  T  A  O  S  M  J  G  R  O  G  I  U  S
D  Q  E  K  P  T  S  R  F  C  I  I  B  U  A  D
V  A  B  Q  E  R  C  E  X  O  W  L  K  X  R  Q
D  U  A  R  L  A  X  G  G  W  T  A  E  E  L  W
M  N  K  R  Y  I  H  J  P  B  R  K  F  T  I  O
Z  C  E  F  I  N  E  Q  O  O  K  G  A  D  F  B
V  H  R  C  J  N  P  S  N  Y  V  A  L  D  E  O
U  R  C  K  K  M  G  A  C  B  L  R  A  F  J  W
C  A  P  C  K  L  I  D  H  O  G  T  L  Z  A  J
F  A  R  T  H  O  A  D  O  O  I  E  I  F  C  O
I  R  S  T  Y  V  G  C  K  T  X  R  L  F  K  N
Q  I  U  T  A  K  Q  T  E  S  X  S  B  P  E  W
F  P  K  D  U  N  G  A  R  E  E  S  R  U  T  Z
```

ANORAK	BOW	CAP
COWBOY BOOTS	DUNGAREES	GARTERS
GILET	LAPEL	LIFE JACKET
NECKLACE	PONCHO	RING
SUIT	SWIMSUIT	TRAIN

Countries Puzzle 29

```
Y  T  B  G  L  U  X  E  M  B  O  U  R  G  O  Q
O  W  H  O  J  I  S  C  F  R  B  L  Z  B  M  S
W  Q  O  L  T  K  Y  U  Z  F  A  G  M  W  O  S
X  K  T  S  N  S  O  S  D  R  D  H  W  Y  R  U
Z  A  V  X  V  I  W  R  I  A  A  U  L  X  O  J
N  Z  F  N  L  L  G  A  E  L  N  N  O  H  C  N
A  A  Z  P  T  Q  F  E  N  A  M  G  I  K  C  X
T  K  M  E  X  V  K  A  R  A  Q  A  L  T  O  K
O  H  B  I  R  N  M  K  D  I  K  R  K  J  N  T
B  S  B  R  B  R  A  J  O  B  A  Y  I  M  D  L
O  T  F  D  A  I  L  Y  C  O  M  O  R  O  S  M
I  A  H  W  T  P  A  M  A  L  T  A  I  S  P  R
G  N  X  A  K  S  W  U  F  D  R  I  B  Q  I  O
C  X  K  Z  P  S  I  E  C  S  P  U  A  Z  N  F
I  R  E  L  A  N  D  R  E  I  G  U  T  C  E  C
U  C  R  B  T  W  M  S  V  W  Q  G  I  O  S  P
```

BOTSWANA	COMOROS	HUNGARY
IRELAND	KAZAKHSTAN	KIRIBATI
KOREA	LUXEMBOURG	MALAWI
MALTA	MOROCCO	NAMIBIA
NIGERIA	SUDAN	

Countries Puzzle 30

```
P A P U A N E W G U I N E A Z W
Q S L G R E N A D A D U M M T C
L G E J Z P I T P Z G R G A U Y
Y N R T N L D B R T Q U R R R H
B E E Y A P P O M W E G E S K I
V T P M S E J O O K F U E H M Y
E H O Y R R F W R N I A C A E U
O E F X T U O H I T L Y E L N J
J R T P H N J N W S U P S L I T
W L H P E K I C X L I G J I S Z
I A E M G T P T X N Y S A S T L
Y N V Q A S I B S T E O R L A A
E D G W M Q Z X I N P G V A N I
S S S V B D O M I N I C A N E R
U E F D I W H A R O L H W D L L
Q Y L S A H S P R O R C N S K O
```

DOMINICA	ESWATINI	GREECE
GRENADA	ISRAEL	MALI
MARSHALL ISLANDS		NETHERLANDS
PAPUA NEW GUINEA		PERU
PORTUGAL	REP OF THE	THE GAMBIA
TURKMENISTAN	URUGUAY	

Countries Puzzle 31

```
E G E X S I S V U J U P P V G X
Q R I V P H I G X P L B B T L Q
U N D F I O F V W T B C X L V E
A M Z K N E W Z E A L A N D Z D
T D E S M I T G O A C A M I M B
O N H H G H A N A I M W L G Q K
R I S W R H I Z A R T E I P Q Y
I C P T O Q J M M M B L H A M R
A A B I B A A F A R X K B K L G
L R G H G J A I T U N I S I A Y
G A E G J Y T Q B H W J K S V Z
U G F U N A X M O D L G E T R S
I U B E O J I W P F T Q D A G T
N A K R Z A W R D D O R Y N M A
E H C I H F D G B R W A N D A N
A E C T E D I V O I R E H G E H
```

BELIZE	CROATIA	CÔTE D'IVOIRE
EQUATORIAL GUINEA		GHANA
JAMAICA	KENYA	KYRGYZSTAN
NEW ZEALAND	NICARAGUA	PAKISTAN
RWANDA	TUNISIA	VIETNAM

Countries Puzzle 32

```
G  Z  T  C  Y  U  B  O  P  T  C  K  V  L  A  P
Z  T  S  E  E  L  S  A  L  V  A  D  O  R  P  E
I  R  W  V  I  W  M  V  F  V  Y  B  O  Q  H  T
M  D  I  N  Q  L  A  O  S  E  N  C  C  H  I  B
B  E  T  L  I  B  E  R  I  A  A  R  B  I  L  H
A  M  Z  A  D  E  I  R  R  N  P  D  B  K  I  S
B  R  E  C  D  J  I  B  O  U  T  I  T  R  P  N
W  E  R  J  O  V  R  M  E  F  Q  I  Q  K  P  I
E  P  L  O  D  G  G  P  C  D  R  J  D  X  I  S
S  O  A  T  L  Z  F  F  E  P  P  A  M  U  N  S
B  F  N  I  N  M  G  Y  X  H  D  K  N  A  E  O
Q  T  D  E  T  Z  A  U  Y  B  L  U  I  C  S  R
D  H  B  B  U  R  U  N  D  I  G  H  U  L  E  X
J  E  V  P  S  L  W  Q  M  B  E  Q  A  X  X  X
M  H  G  A  B  O  N  K  H  P  E  W  M  M  A  Q
I  N  X  N  O  R  T  H  Q  G  E  O  R  G  I  A
```

BURUNDI	DEM REP OF THE	DJIBOUTI
EL SALVADOR	FRANCE	GABON
GEORGIA	LAOS	LIBERIA
MONACO	NORTH	PHILIPPINES
SWITZERLAND	ZIMBABWE	

Dance Puzzle 33

```
O  Q  U  I  C  K  S  T  E  P  J  X  T  V  R  U
S  H  C  Q  X  P  J  M  O  M  W  K  P  P  D  J
V  Y  Y  M  O  D  E  R  N  D  A  N  C  E  S  I
H  O  K  E  Y  P  O  K  E  Y  O  Z  D  T  C  D
X  D  T  G  Q  G  A  S  P  F  K  F  U  Q  S  T
M  I  I  A  U  D  Y  L  A  W  N  F  Y  R  R  X
A  H  L  R  R  C  K  V  L  L  D  R  R  W  K  T
L  L  F  R  I  A  H  W  S  E  S  B  L  C  E  A
A  A  T  B  T  R  N  Y  Z  Y  M  A  A  C  M  F
G  M  N  U  I  D  S  T  X  N  Q  A  N  D  Z  M
U  B  C  S  T  O  M  P  E  Y  C  A  N  S  M  O
E  A  Y  C  O  F  O  F  R  L  D  O  F  D  A  A
A  D  I  U  Q  B  P  H  Y  N  L  L  N  Z  E  C
C  A  M  F  E  R  Q  U  R  L  P  A  T  G  C  B
V  F  R  C  Y  S  Z  A  R  A  L  Y  J  M  A  T
Z  A  F  F  G  Q  B  J  S  S  Y  X  X  I  M  A
```

MALAGUEÑA	ALLEMANDE	BARN DANCE
BOP	CONGA	FRUG
HOKEY-POKEY	LAMBADA	MAZURKA
MODERN DANCE	QUICKSTEP	SALSA
STOMP	TARANTELLA	

Dance Puzzle 34

```
I  I  B  A  L  L  R  O  O  M  D  A  N  C  E  K
M  W  J  V  M  F  Y  J  Q  I  P  F  L  V  O  U
H  E  M  J  A  B  U  N  N  Y  H  O  P  Z  L  G
C  S  M  L  C  Q  L  F  S  B  K  R  G  E  E  Q
O  V  T  P  A  L  I  N  D  Y  W  N  U  B  R  H
N  P  B  Y  R  W  W  F  R  F  L  G  H  F  S  P
T  L  O  C  E  A  D  K  Y  J  I  N  J  U  O  R
R  F  I  P  N  L  A  P  I  G  H  I  T  P  F  P
A  S  K  O  A  T  N  E  A  C  R  O  S  I  T  I
D  B  F  C  H  A  R  L  E  S  T  O  N  O  S  S
A  O  U  W  C  U  D  F  M  B  U  S  Y  I  H  C
N  L  A  N  X  F  A  A  V  G  O  U  F  J  O  S
C  L  A  T  I  N  D  A  N  C  E  U  Q  K  E  L
E  C  S  R  M  E  J  V  J  C  I  D  R  O  Y  R
C  K  Y  L  F  Q  S  U  V  W  E  C  K  R  E  Z
R  R  S  C  O  T  T  I  S  H  D  A  N  C  E  O
```

CHARLESTON	LATIN DANCE	LINDY
MACARENA	SCOTTISH DANCE	ACRO
BALLROOM DANCE	BOURRÉE	BUNNY HOP
CAN-CAN	CONTRA DANCE	DANCE
GIGUE	POP	SOFT SHOE

Dance Puzzle 35

```
K  U  V  I  E  N  N  E  S  E  W  A  L  T  Z  E
Y  A  Q  U  Z  E  I  A  N  H  L  M  U  G  T  A
S  D  G  A  V  O  T  T  E  O  W  A  A  D  R  M
V  B  O  S  S  A  N  O  V  A  D  G  S  E  J  P
B  D  R  A  G  O  N  D  A  N  C  E  N  T  Y  Y
U  N  C  Y  S  C  G  X  W  R  Y  A  E  C  B  C
S  D  X  E  W  K  S  G  D  D  B  U  P  A  O  S
Q  N  F  Q  I  M  B  W  D  A  N  R  Y  J  V  U
U  Q  O  P  N  L  F  K  H  I  A  J  O  U  T  Q
A  N  L  H  G  F  I  X  M  W  J  G  D  N  O  I
D  Q  K  U  I  P  X  D  E  H  N  O  I  D  E  T
R  O  D  V  A  H  S  M  H  A  S  M  S  A  D  W
I  B  A  H  A  H  I  N  T  X  D  T  C  N  A  D
L  R  N  Y  H  T  V  L  D  F  L  U  O  C  N  F
L  W  C  A  O  V  A  J  R  T  K  D  H  E  C  Y
E  H  E  D  Z  C  C  K  D  W  T  A  U  A  E  J
```

CAJUN DANCE	VIENNESE WALTZ	BOSSA NOVA
CEILIDH	DISCO	DRAGON DANCE
FOLK DANCE	GAVOTTE	HABANERA
MINUET	QUADRILLE	SWING
TANGO	TIME WARP	TOE-DANCE

Dance Puzzle 36

```
L X B K Z Z K L I N E D A N C E
S S Q A B N O T W O S T E P S V
R Z Q H H K F O X T R O T M F B
C Y T L Z P T M U T Z T G D M G
P I Y H R O O K K X Z Y Z K M K
O Q J B B Q S O R M A T E A O P
V P X M E E D A H U L X P Y S D
Z C A C A L G D T A M O O S L F
V M L S R D L U W K Z P J P P L
Z C A O D E G Y I A H G A I H A
O M F E G E H D N E J K D G M M
M Q Z B W G D G F A E J L J A E
K V I Y K I I E A Z N N S B Z N
C D N X O V C N U E F C Y T L C
A J J Q K S Z W G X E V E X Y O
G U P A S O D O B L E M U G Q O
```

PASODOBLE	BEGUINE	BELLY DANCE
CLOGGING	FLAMENCO	FOXTROT
JIG	KOFTOS	KRUMP
LINE DANCE	MAMBO	PAS DE DEUX
REGGAE	TWO-STEP	WALTZ

Dogs Puzzle 37

```
B Y T Z I J B E P U H L P I W U
A F N V E I I I T P X X D S D N
S K N P X K Q V N O E S R S O E
S I X K U F L M W O L X C T N W
E B M L R N L E J D K O L B I F
T O A U J R L K R L H N V E E O
H S Z S T D Q Z H E O N N R D U
O M G Q M T A L U Q U G P N F N
U R M R Q B K L A U N F U A J D
N W Z A E C I S M P D R P R P L
D Z L U S A R R H A D A P D N A
P G M K E T T Q D T T O Y Y R N
Q O D B R L I D E D F I G A E D
A R O J X L Y F A F O S A Y B D
G D B A R K P M F N R G W N N F
I A R O T T W E I L E R S Y J C
```

DALMATIAN	NEWFOUNDLAND	ROTTWEILER
SALUKI	ST BERNARD	BARK
BASSET HOUND	BIRD DOG	ELKHOUND
GREAT DANE	LAP DOG	MASTIFF
MUTT	POODLE	PUPPY

Dogs Puzzle 38

```
D O B E R M A N P I N S C H E R
F C P B S B D B M B U Q V A F I
R O G C J X W E G C R U I E V K
Y C U X W H I P P E T X Z P N G
S K L Q C D S J F S H S S A U A
N E E O I W H C Z F D P L X U P
W R Y T H L E E H N T A A X Z L
V S S W L Q S S O N O O I N D I
D P L C A K O H T L A J Y R R L
U A E E K D S Z V I N U M O E V
D N D V K E Q J I E E A Z I B F
I I D Z E R C L S C E C N E V Z
N E O K P Q H A E R E A I I R G
G L G C Q G B O U N P M B X C C
O W I L D D O G N S P X L F K I
A L A S K A N M A L A M U T E W
```

ALASKAN MALAMUTE

DOBERMAN PINSCHER   WESTIE

BASENJI   COCKER SPANIEL   DINGO

KEESHOND   PUP   SCHNAUZER

SLED DOG   SPANIEL   VIZSLA

WHIPPET   WILD DOG

Dogs Puzzle 39

```
J  A  I  R  E  D  A  L  E  T  E  R  R  I  E  R
G  H  W  O  R  K  I  N  G  D  O  G  L  N  R  N
E  W  T  O  Y  D  O  G  R  R  F  Z  I  W  E  F
R  Y  B  L  H  A  S  A  A  P  S  O  Y  H  F  A
M  X  F  W  E  L  S  H  C  O  R  G  I  I  J  F
A  T  L  U  D  X  T  W  Y  T  P  A  T  R  P  K
N  E  R  J  W  Y  B  E  K  G  I  S  N  C  P  L
S  R  X  A  B  T  Q  G  O  C  A  O  G  T  O  I
H  R  Z  M  T  B  T  D  O  M  O  P  Z  E  I  N
E  I  H  A  E  T  E  G  L  Q  S  L  I  X  N  S
P  E  X  R  L  U  E  L  T  R  F  K  Q  G  T  C
H  R  M  M  C  I  U  R  Q  I  E  O  C  L  E  G
E  T  S  S  I  B  V  A  R  I  T  E  L  T  R  P
R  O  E  O  Z  N  P  R  D  I  E  I  K  B  M  H
D  R  P  K  J  A  U  T  K  F  E  C  V  P  Y  W
L  C  O  R  G  I  C  C  F  X  W  R  T  K  H  F
```

AIREDALE TERRIER   GERMAN SHEPHERD

LHASA APSO   WELSH CORGI   BULLMASTIFF

CORGI   POINTER   RAT TERRIER

RESCUE DOG   TERRIER   TOY DOG

WORKING DOG

Dogs Puzzle 40

```
N F S I B E R I A N H U S K Y R
L C A I R N T E R R I E R L P I
M W E I M A R A N E R G L I X B
O Q Z F Q T O S N M O C V Y O G
N T F M T F S T A D T M Q O U W
G B P E J S O E R X X H V M Q C
R U O D M G G E T U I N P O U P
E L M Y H S T R S T Z P U B G U
L L E D I A P Z E K E D Q K J I
Q T R P W A I E U Y N R H B O B
V E A B T K B T K L H X H Z X M
P R N A N R H E S Z I O R H W H
D R I P E D I G R E E O U S J Q
A I A P Q Y F F X R B C L N N R
G E N Y J E K P L T E G J I D C
X R Q S Q J C L C V R K A X O X
```

POMERANIAN	SIBERIAN HUSKY	WEIMARANER
BORZOI	BULL TERRIER	CAIRN TERRIER
GREYHOUND	MONGREL	PEDIGREE
SETTER	WATERDOG	

Energy Puzzle 41

```
T M K A O D H H I X D Y N A M O
X Y U V G P M E G A W A T T A C
T P E T R O L E U M G V S L I O
U S K D G A S T U R B I N E A K
N L N U C L E A R P O W E R B E
M M D I M A Z J D B N G A K S S
R M D S U C N U C L E A R A O G
J E T F U E L S S E K F K H R V
D S X Y H G R N B C K B D B F
G R I D S O T I N E O U G T C F
I W A W W L G K V R O J H P S R
B G Z D J N T R A N S M I T N G
Z U X N E S R S S Q E Y K M W R
P A O V O L T Z P P K V N Z A R
Z S K N N Q B V V Z X P M S U A
X K R B O Z Q E J F C L D S I P
```

AC	ABSORB	COKE
DYNAMO	ENGINE	GAS-TURBINE
GRID	JET FUEL	MEGAWATT
NUCLEAR	NUCLEAR POWER	PETROLEUM
TRANSMIT	VOLT	

Energy Puzzle 42

```
P V K J B C A R B O N U Q E J E
O P T P F B H Q S E N V V C K E
H W A E L E C T R O N Q N A E X
U F L E X I B L E F U E L H L K
Q Y Q P D P A W W D T P I D V F
L R D W A S T E W V U U G H I N
M R Q T A B Y M O T O R H G N M
I A O T C J X H U W C Y T M S S
L D X O C T N C O M M L H E C X
M I S X A S T W I E P C D A A L
Z A H E U L B A T T E R Y R L L
Q T P Z L Z S T T H U C E C E V
J E U Q J O O T T A N S J C B B
D A O J Y M A L F N Y Y T T T S
M K L F X F G P J E T P K O U B
J C O N S E R V A T I O N P G D
```

BTU	KELVIN SCALE	BATTERY
CARBON	CONSERVATION	ELECTRON
FLEXIBLE FUEL	LIGHT	METHANE
MOTOR	PEAT	RADIATE
WASTE		

Energy Puzzle 43

```
P  I  W  C  K  Q  V  W  L  I  A  O  N  S  M  L
D  I  X  I  G  Q  G  U  Y  W  F  U  P  O  S  V
P  P  F  G  N  I  L  T  O  B  Q  J  R  L  J  K
O  H  A  L  R  D  Q  Z  F  W  A  O  O  A  X  R
W  O  H  L  A  E  F  F  J  O  J  O  P  R  Z  Z
E  T  I  S  E  P  Q  A  U  D  H  G  A  P  S  E
R  O  Q  P  F  H  P  W  R  E  H  E  N  A  C  T
S  V  V  O  F  Y  U  L  I  M  L  N  E  N  B  J
T  O  V  L  I  B  T  W  I  N  H  C  H  E  C  D
A  L  C  L  C  R  H  B  J  A  D  P  E  L  B  B
T  T  F  U  I  I  K  Q  Y  U  N  P  Z  L  Y  F
I  A  G  T  E  D  B  Q  H  F  P  C  O  L  L  W
O  I  A  I  N  T  U  T  O  V  L  H  E  W  I  C
N  C  Q  O  T  R  C  X  H  Q  L  C  W  U  E  L
J  G  V  N  S  D  L  W  R  Y  C  P  R  P  C  R
S  D  E  L  E  C  T  R  I  C  B  C  N  J  Q  Q
```

APPLIANCE	EFFICIENT	ELECTRIC
FUEL CELL	HYBRID	OIL RIG
PHOTOVOLTAIC	POLLUTION	POWER STATION
PROPANE	SOLAR PANEL	WIND FARM
WIND POWER		

Energy Puzzle 44

```
R F G D G C L C R R F F J Q K Q
O E F F I C I E N C Y Z B U D F
F Q M I L M T D T Q D I I B R N
F Z I T R K L U L K F I M E U W
T R Q T I E O D R I L L E Q B T
H Z R P N T A H Q B X B N S D B
E Z V M C T S C B Q I B W D E K
G F O Q F Q T Y T C U N C X P L
R X T L K C E R T O C W E X H E
I R E N E W A B L E R O N D O C
D R T R Y U M T Y N D R U U T H
Z I N D U S T R Y M W K M J O M
B D K I M U J I B R B W D W N T
M Q O P U N G E N E R A T O R C
O L K T E M P E R A T U R E N U
K M O R Z Z E N G I N E E R K N
```

DIESEL	DRILL	EFFICIENCY
ENGINEER	GENERATOR	INDUSTRY
OFF-THE-GRID	PHOTON	REACTOR
RENEWABLE	STEAM	TEMPERATURE
TURBINE	WORK	

Family Puzzle 45

```
Z  A  N  U  C  L  E  A  R  F  A  M  I  L  Y  R
P  B  W  R  P  T  Q  W  B  Z  N  Y  B  U  E  R
W  S  E  L  G  L  R  F  K  N  P  P  G  X  P  L
X  T  D  B  R  O  T  H  E  R  H  O  O  D  N  Q
A  E  D  Q  E  N  J  A  O  D  I  V  O  R  C  E
L  P  I  B  L  M  A  I  D  E  N  N  A  M  E  B
R  M  N  I  Q  F  R  A  T  E  R  N  A  L  N  N
E  O  G  R  A  N  D  P  A  R  E  N  T  M  N  B
L  T  B  T  N  Z  P  A  R  T  N  E  R  F  I  I
A  H  D  H  D  Y  R  K  Q  S  P  W  I  H  Z  N
T  E  V  M  K  T  N  M  O  N  O  G  A  M  Y  G
I  R  I  O  S  U  U  D  O  C  P  F  O  D  E  I
O  X  Z  T  Y  C  O  A  I  R  O  A  I  Y  T  U
N  Y  G  H  R  R  L  R  K  C  P  S  N  C  J  P
S  U  D  E  D  B  R  O  T  H  E  R  L  Y  E  C
Y  Q  M  R  P  E  Z  W  D  U  I  M  P  P  C  G
```

BIRTH MOTHER	BROTHERHOOD	BROTHERLY
DIVORCE	FRATERNAL	GRANDPARENT
MAIDEN NAME	MONOGAMY	NUCLEAR FAMILY
PARTNER	POP	RELATIONS
STEPMOTHER	WEDDING	

Family Puzzle 46

```
P  R  Q  E  W  E  D  L  O  C  K  R  V  O  E  T
H  E  R  E  D  I  T  A  R  Y  W  I  G  W  M  G
F  X  N  D  Q  Y  G  X  Y  J  J  H  F  A  C  R
O  G  L  O  C  M  N  R  Q  S  F  U  D  D  S  A
S  W  X  D  S  Q  M  I  A  W  Y  N  U  S  N  N
T  M  J  I  T  H  E  U  Z  N  A  X  E  R  K  D
E  C  S  A  E  O  O  G  U  B  D  R  T  V  P  M
R  A  C  G  P  M  E  G  S  O  I  M  I  W  T  O
M  W  S  E  D  E  G  U  P  E  E  I  A  X  N  T
O  U  H  N  A  Y  H  V  H  O  M  M  J  O  U  H
T  R  D  E  D  X  J  V  X  M  O  H  T  E  R  E
H  E  B  A  E  H  W  T  N  C  L  B  C  V  T  R
E  K  Z  L  F  Z  F  D  I  L  Z  E  N  F  U  R
R  A  O  O  I  K  I  T  H  A  I  R  K  X  R  I
P  Q  I  G  U  B  B  H  R  N  V  N  E  B  E  C
F  P  N  Y  L  K  J  F  K  I  C  Q  M  U  W  B
```

MS	CLAN	EX HUSBAND
FOSTER MOTHER	GENEALOGY	GRANDMA
GRANDMOTHER	HEIRESS	HEREDITARY
HOME	KITH	NIECE
NURTURE	STEPDAD	WEDLOCK

Family Puzzle 47

```
B  S  U  R  R  O  G  A  T  E  M  O  T  H  E  R
V  I  W  C  S  S  V  K  Q  B  S  B  Y  F  C  E
Q  N  F  I  A  C  O  C  W  U  T  T  L  L  A  A
S  H  R  B  D  R  J  F  G  F  I  Z  Y  N  D  E
T  E  A  N  W  E  E  N  F  R  H  N  A  F  O  M
E  R  T  R  S  Z  N  G  E  S  T  N  T  Z  P  A
P  I  E  H  X  I  H  T  I  K  P  R  U  S  T  T
D  T  R  L  T  C  S  O  I  V  U  R  M  K  I  R
A  A  N  E  U  O  S  T  U  C  E  M  I  M  O  I
U  N  A  U  P  M  E  R  E  S  A  R  S  N  N  A
G  C  L  J  P  F  I  I  B  R  E  L  Y  F  G  R
H  E  T  R  K  M  F  P  L  A  L  H  T  O  Z  C
T  Q  W  T  V  X  C  L  C  Q  L  Y  O  W  B  H
E  K  I  X  S  P  M  E  T  T  F  R  A  L  I  V
R  C  N  N  Y  L  N  T  S  M  Z  E  O  F  D  N
B  Z  Q  B  T  K  D  S  O  X  D  T  Q  U  N  P
```

ADOPTION	CARE-GIVER	FRATERNAL TWIN
HOUSEHOLD	IDENTICAL TWIN	INHERITANCE
MATRIARCH	NANA	OFFSPRING
POSTERITY	QUINTS	SISTERLY
STEPDAUGHTER	SURROGATE MOTHER	
TRIPLETS		

Family Puzzle 48

```
K  S  I  N  G  L  E  R  L  W  U  I  V  N  D  J
H  A  L  F  B  R  O  T  H  E  R  A  Q  Y  E  K
L  B  L  O  O  D  R  E  L  A  T  I  V  E  V  S
U  T  W  I  N  B  R  O  T  H  E  R  U  V  M  T
J  S  T  E  P  S  I  S  T  E  R  M  O  N  S  E
F  C  O  I  N  K  I  N  F  O  L  K  W  H  W  P
Z  A  L  S  I  S  T  E  R  W  S  L  L  E  Z  C
P  K  J  A  A  P  S  W  Q  W  P  Q  H  J  D  H
A  X  N  P  O  N  N  B  Y  U  V  P  N  L  Y  I
K  P  H  Z  I  Q  A  Z  P  L  E  G  I  V  X  L
C  I  B  W  Q  D  Y  E  E  N  S  H  S  R  L  D
K  B  T  Q  X  B  U  X  B  P  C  R  Y  W  T  R
C  M  O  J  R  T  W  I  N  S  I  S  T  E  R  E
C  E  X  T  E  N  D  E  D  F  A  M  I  L  Y  N
C  A  D  O  P  T  I  V  E  F  A  T  H  E  R  U
N  Q  G  R  A  N  D  C  H  I  L  D  R  E  N  R
```

ADOPTIVE FATHER	BLOOD RELATIVE	CHILD
EXTENDED FAMILY	GRANDCHILDREN	HALF-BROTHER
KINFOLK	NEPHEW	SINGLE
SISTER	STEPCHILDREN	STEPSISTER
TWIN BROTHER	TWIN SISTER	TWINS

Farm Puzzle 49

```
I  N  F  R  Q  I  N  S  E  C  T  I  C  I  D  E
R  A  W  N  S  T  M  A  N  S  T  I  L  L  E  R
C  M  C  H  P  Z  G  P  L  X  W  G  Z  Z  E  I
P  M  G  K  A  X  R  S  R  H  F  Q  Q  C  E  S
D  O  Q  R  I  D  W  V  Z  B  F  V  Q  W  B  I
E  O  C  Q  N  D  S  T  C  A  T  C  C  F  G  G
I  R  N  E  F  L  N  N  G  P  U  A  D  X  C  J
A  I  T  K  R  O  O  J  Z  O  G  O  O  S  E  U
V  P  I  N  E  I  A  S  G  U  X  J  N  T  U  E
Y  E  T  Y  L  Y  D  L  B  A  B  K  E  K  W  I
N  U  V  L  H  X  R  A  B  B  I  T  C  A  L  Q
X  L  A  M  B  J  A  Z  L  U  T  I  E  J  U  D
E  T  T  C  O  X  E  P  J  P  P  U  G  S  R  M
S  A  G  R  A  I  N  S  J  H  O  N  E  Y  X  K
H  F  W  W  C  X  T  K  L  E  C  G  C  N  U  C
V  X  A  P  Z  F  D  R  S  C  G  X  G  P  T  U
```

CAT	DONKEY	FOAL
GOOSE	GRAINS	HONEY
INSECTICIDE	KID	LAMB
PICK	RABBIT	RIPE
STALLION	TEND	TILLER

Farm Puzzle 50

```
F  E  B  A  R  L  E  Y  E  Y  H  L  V  W  O  H
I  W  J  U  S  M  T  G  Z  I  B  W  E  W  Z  V
F  T  Q  Q  U  F  T  E  W  K  P  L  C  Q  G  X
S  L  W  R  Q  O  B  I  J  O  K  R  A  E  B  B
D  I  U  E  C  O  I  W  L  C  U  C  W  G  H  N
W  U  X  S  L  D  S  B  I  L  Z  J  M  G  N  U
I  Z  C  J  Y  M  O  S  X  S  D  A  I  R  Y  X
T  D  C  K  X  G  N  S  H  E  P  H  E  R  D  F
F  J  N  R  L  E  W  K  R  R  P  E  L  S  R  J
C  C  V  V  O  I  F  D  Y  F  A  L  C  Z  V  H
Q  O  F  Y  G  P  N  F  T  V  T  T  P  G  R  M
Y  M  J  E  V  T  S  G  N  O  S  E  M  I  S  T
L  B  L  N  E  S  N  X  Z  O  R  A  K  N  G  Y
H  I  T  X  M  Y  E  Z  O  C  X  M  R  C  V  X
C  N  A  Q  K  J  J  R  A  O  G  A  M  Y  B  K
N  E  V  I  C  J  C  H  Q  W  B  V  N  V  D  Z
```

ACRE	BARLEY	BARN
BISON	COMBINE	CROPS
DAIRY	DUCKLING	EGG
FOOD	PIG	ROOST
SHEPHERD	SICKLE	TILL

Farm Puzzle 51

```
T  I  H  O  N  E  Y  B  E  E  G  W  S  Z  T  A
V  R  Z  G  E  S  H  M  E  T  O  I  Q  Y  E  X
E  X  X  Q  X  Y  A  C  O  O  Y  F  E  S  W  F
G  X  Z  X  E  X  I  X  G  R  Y  K  U  O  N  V
E  B  U  T  O  R  D  R  Q  T  N  O  R  K  G  C
T  F  Z  P  M  C  D  A  H  O  H  G  G  W  P  W
A  Y  H  A  O  Z  J  K  D  M  E  N  A  V  V  Z
B  M  A  M  O  U  Q  E  R  A  R  E  T  K  Z  J
L  N  N  A  Q  I  L  A  H  O  R  E  E  X  V  L
E  X  H  R  K  A  F  T  H  N  L  I  N  B  Q  F
M  K  N  E  M  D  H  G  R  G  F  C  O  Q  I  X
V  P  R  K  N  E  N  L  I  Y  P  V  Q  Q  J  P
H  O  C  R  S  O  U  P  C  H  I  C  K  E  N  M
E  A  M  E  L  B  A  V  L  B  T  D  R  A  K  E
J  W  E  O  H  M  M  U  M  P  T  E  V  M  A  K
X  G  Z  M  X  N  W  M  R  N  S  C  Y  K  T  K
```

CHICKEN	DRAKE	FARMHOUSE
GATE	GEESE	GROW
HONEYBEE	JACK MALE DONKEY	
LONGHORN	MARE	PIGLET
POULTRY	RAKE	RICE
VEGETABLE		

Farm Puzzle 52

```
U  C  T  T  L  H  T  N  N  W  W  M  Z  M  B  H
W  U  M  L  O  S  N  J  D  K  B  B  P  W  E  I
I  L  P  J  O  O  T  O  W  F  R  O  D  O  H  A
J  T  O  C  X  Q  A  M  M  R  E  B  E  E  S  G
R  I  L  M  A  V  G  T  E  T  A  Z  A  B  H  R
Y  V  L  Z  W  K  U  T  S  P  P  C  I  Y  K  I
A  A  F  Y  G  E  S  S  O  Q  R  O  R  V  B  C
K  T  B  B  W  E  E  G  O  O  O  K  R  S  A  U
O  O  K  S  V  F  H  D  T  E  C  S  I  H  L  L
Q  R  L  R  I  O  O  A  S  A  L  J  G  A  E  T
J  Q  A  B  J  X  B  S  T  V  U  B  A  T  R  U
Q  H  O  I  U  U  A  S  G  W  N  V  T  C  V  R
X  W  G  S  C  L  Y  U  X  F  O  X  I  H  N  E
Y  I  E  N  F  A  L  Y  R  Z  G  K  O  E  Q  X
B  G  I  R  H  F  A  F  H  I  V  E  N  R  T  Z
T  Z  L  P  S  R  L  W  M  X  U  N  O  Y  S  X
```

AGRICULTURE	BALER	BEE
BULL	CULTIVATOR	HARVESTER
HATCHERY	HAYSTACK	HIVE
INCUBATOR	IRRIGATION	OATS
REAP	WEEDS	YAK

Food Puzzle 53

```
N  U  X  R  F  F  I  J  I  C  A  M  A  T  W  J
G  Q  A  Y  G  Y  V  D  H  Q  F  Z  H  L  B  E
W  F  G  F  X  Y  E  S  V  A  D  M  G  M  H  C
U  A  Q  J  C  V  D  M  A  H  S  O  A  E  U  P
B  S  T  Y  B  D  I  G  E  S  T  R  Z  S  N  E
A  W  L  E  M  Z  B  M  E  O  J  D  M  P  G  A
M  E  V  G  R  W  L  G  J  U  W  E  V  M  R  N
B  E  G  F  P  C  E  G  Y  J  V  R  D  R  Y  U
O  T  Z  D  I  C  R  P  B  B  L  A  N  D  T
O  O  E  U  F  U  C  E  A  A  G  X  A  A  R  Q
S  X  E  H  V  V  M  H  S  H  T  Z  R  T  L  N
H  J  A  D  Z  H  K  U  I  S  V  N  A  P  N  W
O  O  J  O  A  T  E  L  B  L  W  O  A  C  G  O
O  A  B  R  M  I  N  T  F  N  I  Z  S  P  N  Z
T  L  M  C  U  P  B  O  A  R  D  T  U  B  Z  M
S  P  T  G  C  C  G  P  O  B  P  U  O  Y  U  O
```

ATE	BAMBOO SHOOTS	BLAND
CHILI	CUPBOARD	DIGEST
EDIBLE	HUNGRY	JICAMA
MINT	ORDER	PAN
PEANUT	SWEET	WATERCRESS

Food Puzzle 54

```
O B C B C L G J T D D E R G E O
H O R N G N I J A K S H N Y P N
B G I N G E R B R E A D F E A H
C C E H M B T O I U R N W P I L
O I B W T B P H O F W O Z K K B
L N U K V S K S T M N D N Y R U
L N W T R M Y B Z S N I E R H T
A A H V I O C C E U R I L L U T
R M S L B I L L M D F G V A B E
D O I A S V K Y H Y E C V O A R
G N T X G N M S C C I A K L R B
R F M B I E A X I W V S O C B E
E C R R G U M L J M E H O U I A
E X P P Q D S N O H M E I D T N
N S Z S Q M Y D Z Q V W E A T R
S B S H I S H K E B A B W L R W
```

BUTTER BEAN	CASHEW	CINNAMON
COLLARD GREENS	DRINK	GINGERBREAD
OMNIVORE	RHUBARB	RIBS
SAGE	SHISH KEBAB	SLICE
SPORK	SPRINKLES	SQUASH

Food Puzzle 55

```
X I K L U N C H M E A T G B N N
A I J I I B O Y S E N B E R R Y
V Y B L A C K E Y E D P E A S N
I D C V O M A I N C O U R S E G
E N A I E K M D A X W Q M T R I
M C N K M A D N Y O S P N E X N
J H T W E S P O E T B H B E B G
K E A I P B X R O Z R M E A L E
N D L U N J A L I O U Y A M N R
C D O H S S L B N C E W Q D X A
W A U J J A N Y U E O J Q E I L
U R P L H L O C F S R T S G V E
P H E S D R C F H U G E C K N I
Q J W K A S O K Z W E T S E F Y
Q X F T L T Q U F A T F W F S T
O C T Y W H I P P E D C R E A M
```

APRICOT	BLACK-EYED PEAS	BOYSENBERRY
CANTALOUPE	CHEDDAR	CUCUMBER
GINGER ALE	KEBAB	LUNCHMEAT
MAIN COURSE	SHALLOTS	TARO
TOFFEE	WHIPPED CREAM	YAM

Food Puzzle 56

```
Q R A S P B E R R Y L W K Y E R
N M K E T T L E C O R N I B O E
W W T P Q C S V V J O B H D O F
Y X Q B G H D X I C R S V K P R
D D P L C T S D C N A D K A R E
V R S M N E O O R H E X M E M S
R V Q E I A M A U E P G N K E H
Y B U Y M V P J S R F N A B Q M
E X Z U P E O K T F I F O R D E
C Y A U S X Q B I D M X O B G N
C R Y I G X W R V N N C C G Y T
S T E T A D U A B K R N I L L S
J E N A K H B S L H A Y C E E C
G V B T M H X H O N E Y D E W U
P I D R U E Z Y C W U T V R W P
Z Y U T E N S I L S G T G U A P
```

CREAM	CRUST	DINNER
HASH	HONEYDEW	KETTLE CORN
NAPKIN	RASPBERRY	REFRESHMENTS
RYE	SOUR	TEA
UTENSILS	VINEGAR	WALNUT

Happiness Puzzle 57

```
J P O Y M R B Q Q A M Z D E H E
A W Y S Z C A B D J N V E E E D
L U E E O S F P L N Z A V R H I
E D G L K Q F P T I N A F O U N
Z Z E I C G B X D U S E E P J V
S Y K L E O A A V C R S R O R I
C L U B I C M T W A H E A F E G
H O F N F G H I C B G I L P V O
A O N Z T U H A N N V T R O M R
X E X T B R N T I G W H F P I A
R N K X E C Y M F P G R L R Y T
G S P J P N A T J U G I T X S E
Y P H X F E T B L O L L P B M D
Y R P X B U Q K P Y J L G C X Y
J O I E D E V I V R E E Z E K Z
S W K S T Y R L J J O D P L O E
```

BEAMING	BLISS	CAREFREE
CHIRPY	CONTENT	DELIGHTFUL
FUN	INVIGORATED	JOIE DE VIVRE
RAPTURE	THRILLED	WELCOMING

Happiness Puzzle 58

```
B  J  G  V  G  E  P  S  U  E  K  J  L  J  H  W
V  W  M  A  O  O  L  O  E  N  E  E  Q  V  P  Z
X  A  O  J  W  L  O  A  N  E  K  N  V  F  J  G
B  W  V  R  E  T  M  D  T  R  J  C  P  P  U  R
B  O  I  F  A  A  V  W  E  I  B  H  E  O  M  Z
F  R  N  E  G  A  P  A  R  H  O  A  R  O  P  E
M  V  B  I  T  E  I  Q  T  H  R  N  K  O  I  X
J  P  H  Z  I  R  R  U  A  O  T  T  Y  F  N  H
U  W  E  S  O  A  E  J  I  P  S  I  Z  C  G  I
R  H  L  H  A  F  P  O  N  E  D  N  X  N  F  L
V  T  P  W  M  V  Q  Y  I  F  K  G  I  I  O  A
G  U  F  S  Z  X  O  E  N  U  W  G  W  T  R  R
E  B  F  M  Q  M  T  R  G  L  I  J  C  A  J  A
H  Q  A  N  V  T  D  O  X  L  R  J  X  S  O  T
B  I  B  F  B  O  D  T  B  B  E  B  X  F  Y  E
Y  Y  S  G  R  O  J  O  H  W  R  D  V  P  B  D
```

ELATION	ENCHANTING	ENTERTAINING
EUPHORIA	EXHILARATED	GOOD
HOPEFUL	JOY	JUMPING FOR JOY
OBLIGING	PERKY	SAVOR
UPBEAT		

Happiness Puzzle 59

```
S  L  E  C  G  O  O  D  H  U  M  O  R  E  D  B
T  E  X  B  S  X  C  D  I  N  R  E  A  K  Y  L
E  N  U  T  S  X  H  X  M  X  N  L  V  I  A  Z
A  E  L  Z  T  L  I  F  H  V  C  B  M  O  E  V
R  R  T  M  W  J  P  V  Y  S  M  L  G  W  G  L
S  G  A  E  Q  G  P  I  I  E  I  G  Y  R  Z  F
O  I  T  R  L  Y  E  O  E  V  Y  Z  U  J  R  F
F  Z  I  R  P  I  R  N  T  N  A  Q  J  Y  D  R
J  E  O  Y  U  I  U  A  Q  M  Y  C  S  U  U  I
O  D  N  J  A  T  E  T  O  U  C  H  I  N  G  E
Y  K  P  K  R  R  T  M  O  F  I  C  E  T  P  N
D  Y  G  O  T  E  B  U  L  L  I  E  N  T  Y  D
X  H  P  H  P  P  R  G  E  R  R  N  L  T  U  L
K  P  Z  H  V  B  Y  B  T  O  S  X  Y  A  J  Y
O  D  Z  E  D  B  Z  L  D  L  I  T  C  N  J  T
D  J  D  C  V  B  I  A  W  I  W  J  V  H  L  O
```

ADORE	CHIPPER	EBULLIENT
ENERGIZED	EXULTATION	FRIENDLY
GOOD HUMORED	MERRY	OPPORTUNE
TEARS OF JOY	TOUCHING	TREAT
VIVACITY		

Happiness Puzzle 60

```
L K Y H F E E Z H X N X V P N W
E U P H O R I C E S W X S Q J K
S W L U X U R I A T E I N V L Q
L H A E F D D I V E R T I N G D
L D Z P T U K A E G K G P Y D S
D P O M K M N A N Q L Y H D Z E
G Z E S W A A N L S X O E D J U
L N C M B R E O Y V X L R O M G
O B E A U T I F U L L J C Y N O
R A P T U R O U S I R I L I Q E
Y S X I Z G J R F N T Z S U K E
I Y Q R J G U L G A L U Q F A B
N B K Z C Y U J P Q M H N V P L
C D Z H P F Y M U A C H U K B K
B X M D T T I I L K E N L S R N
U S A T I S F I E D F V B C H Y
```

AMUSING	BEAUTIFUL	DIVERTING
EUPHORIC	FULFILLED	FUNNY
GLORY	GLORY IN	HEAVENLY
LUXURIATE IN	RAPTUROUS	SATISFIED
SIMPATICO		

Herbs and Spices Puzzle 61

```
S  V  J  C  F  I  B  F  H  G  G  A  N  S  B  D
U  L  H  E  P  K  S  I  M  A  U  N  V  I  J  H
B  R  A  V  S  U  U  L  Q  S  L  V  S  T  W  C
E  G  R  A  L  K  P  P  C  Z  Y  O  V  P  L  G
R  A  I  B  L  E  A  G  G  Q  M  L  V  B  V  F
B  R  S  O  J  X  A  N  C  Y  W  P  Q  A  L  T
E  A  S  R  B  A  Z  A  U  A  O  Y  J  Y  G  T
R  M  A  A  U  L  O  O  U  S  P  F  X  T  F  E
E  M  P  G  A  L  L  I  S  C  J  E  N  Q  X  T
U  A  U  E  Z  S  L  Y  U  A  Q  I  R  L  R  G
K  S  H  D  I  P  H  K  A  R  M  J  P  S  Y  D
F  A  E  Y  P  I  R  X  G  O  K  J  T  W  V  Z
W  L  H  E  R  C  U  E  B  B  S  C  G  F  R  B
F  A  O  D  M  E  G  T  F  W  U  S  A  D  K  Q
X  Y  Q  B  T  U  R  M  E  R  I  C  K  F  B  Z
C  A  R  A  W  A  Y  E  P  A  Z  O  T  E  C  S
```

ALLSPICE	BAY	BERBERE
BORAGE	CAPERS	CARAWAY
CAROB	EPAZOTE	FILÉ
GARAM MASALA	HARISSA	HYSSOP
LOVAGE	MINT	TURMERIC

Herbs and Spices Puzzle 62

```
C Z O U Z K C C G L J Y W M K U
M G Z Y A V R A M S F P J H E Q
Q C L J M W S O F M R G E J R M
R Q I A V D U F S P D L M D N U
T P C N A D M E N E L T V I G S
C N O X G V A N U M M L B F U T
X H R C O Y C U T E A A U S S A
I X I F H E R G M S N Q R E T R
M S C C D I S R E A G D U Y A D
B E E E O I V E G V E R T N R S
A F K W Y R C E R O L S L M A E
S X L C Q O Y K S R I D V P N E
I J R W Y S J A X Y C N H Y I D
L R D V J W H P Q W A V J V S J
K L L A V E N D E R K X D I E N
U M W O O D R U F F F Y M G F E U
```

ANGELICA	BASIL	CHICORY
CHIVES	FENUGREEK	LAVENDER
LICORICE	MUSTARD SEED	NUTMEG
ROSEMARY	RUE	SAVORY
STAR ANISE	SUMAC	WOODRUFF

Herbs and Spices Puzzle 63

```
I  G  M  O  E  A  T  H  Y  M  E  P  V  Z  O  K
H  R  I  S  A  S  S  A  F  R  A  S  H  J  J  C
W  E  K  E  O  S  U  R  M  G  W  Z  Y  U  Z  S
M  E  W  V  D  T  U  G  W  S  I  B  W  N  L  A
Q  N  R  U  M  V  K  H  A  X  N  N  N  I  I  H
N  O  S  S  T  E  O  K  S  K  T  P  G  P  C  I
O  N  A  A  Z  O  C  F  A  W  E  I  C  E  U  U
O  I  N  C  F  I  N  O  B  D  R  N  L  R  R  I
C  O  N  L  I  F  I  I  I  F  G  P  U  B  X  E
H  N  A  O  Y  N  R  O  O  S  R  V  Q  E  Z  G
E  U  T  V  R  P  N  O  X  N  E  E  F  R  J  R
R  A  T  E  A  S  H  A  N  U  E  V  C  R  E  I
V  J  O  F  C  D  E  X  M  B  N  P  N  Y  P  Q
I  N  B  C  Z  E  X  Z  Z  O  U  J  M  D  I  T
L  Q  Q  H  C  I  C  E  L  Y  N  S  A  G  Z  K
I  C  B  C  T  A  R  R  A  G  O  N  C  C  R  E
```

ANNATTO	CHERVIL	CICELY
CINNAMON	CLOVE	GINGER
GREEN ONION	JUNIPER BERRY	ONION
SAFFRON	SASSAFRAS	TARRAGON
THYME	WASABI	WINTERGREEN

Herbs and Spices Puzzle 64

I J S T E A B P A Z G G I U E O
P E S W E L O L M G P N X O Y R
E R G S Y J L X U O V I R B Z Y
P K L P M I L V D D V T P S O E
P S L E N Q I E V T N C Z C H C
E P E A M V Q F P A I Y G A R H
R I V R T O H Y L U Y T R R N I
M C G M P R N I E Y Y E G D P L
I E H I P A C B E F D L B A J I
N X O N T F P L A N L B Q M J P
T M P T K D S R A L U E U O D E
G N D T J R I I I E M M N M C P
O E A I A E R D U K A E K A I P
S T O P L O U B O L A O M W M E
B E F P C L M G K H C D R H Q R
B Q H V N Y W A T E R C R E S S

CARDAMOM   CHILI PEPPER   CILANTRO
CORIANDER   DILL   JERK SPICE
LEMON BALM   MACE   PAPRIKA
PARSLEY   PEPPERMINT   SPEARMINT
VANILLA   WATERCRESS

House Puzzle 65

```
X Y E C X Q N Y Y J M K R Z E R
E L E C T R I C A L S Y S T E M
U D W C L O T H E S D R Y E R X
W L N E N Z U Q M Z M T D C Q A
G T F M N A L I B R A R Y O F D
A O D B L I N D S B P S I U N W
R I P T N W P M J L A K Y N W T
D L F Q M C C V A S E T X T Y R
E E R R A H M Z S J Q D J E M A
N T A P U O V H M A V I S R Y S
S N M L O U C H I M N E Y I Z H
H A E R M X V Z U B M K D D S C
E F U S E B O X W D I E Y O D A
D E L X V A G Y G V O A V S Q N
Q O G F S T O R M D O O R J H T
C S U G J U E A U I Y S G T P C
```

BLINDS	CHIMNEY	CLOTHES DRYER
COUNTER	ELECTRICAL SYSTEM	
FRAME	FUSE BOX	GARDEN SHED
JAMB	LIBRARY	ROOM
STORM DOOR	TOILET	TRASH CAN
VASE		

House Puzzle 66

```
D  X  Z  S  W  I  M  M  I  N  G  P  O  O  L  M
S  J  E  D  M  F  H  A  L  L  C  L  O  S  E  T
W  P  M  Z  T  U  Q  A  I  N  Q  D  P  E  Q  E
H  O  T  I  L  D  P  F  J  L  R  I  L  Q  M  E
O  P  M  W  R  A  J  I  E  O  V  G  M  L  M  V
M  L  H  D  S  R  U  R  O  N  N  F  E  M  D  K
I  U  R  Y  I  A  O  D  Q  I  C  S  B  E  Y  N
B  M  L  B  L  G  E  R  H  S  U  E  U  Y  V  I
A  B  X  N  L  G  W  S  O  O  I  C  T  N  D  Z
C  I  Y  V  A  T  K  X  H  X  E  N  X  I  J  T
K  N  A  R  G  D  X  N  H  B  W  M  K  D  E  L
D  G  A  U  L  M  E  B  R  V  H  U  D  C  Z  O
O  G  U  M  M  E  I  A  O  Q  W  C  U  Z  C  L
O  D  P  X  R  O  B  M  J  O  U  A  L  W  N  V
R  A  W  G  L  I  T  L  F  D  F  W  F  E  Z  P
O  D  W  I  N  G  A  R  A  G  E  Y  P  N  F  O
```

BACK DOOR	BARBECUE	FAUCET
FENCE	GARAGE	GARAGE DOOR
GREENHOUSE	HALL CLOSET	MIRROR
PLUMBING	SHINGLE	SILL
SINK	SWIMMING POOL	

House Puzzle 67

```
F  W  C  L  O  T  H  E  S  W  A  S  H  E  R  W
V  E  N  E  T  I  A  N  B  L  I  N  D  S  Q  E
G  J  X  S  L  F  A  N  A  E  J  W  I  C  P  A
L  I  V  I  N  G  R  O  O  M  P  I  I  F  F  T
J  K  Z  N  X  L  M  H  W  F  M  N  Q  D  U  H
X  L  U  B  B  L  I  Z  U  L  M  D  X  M  R  E
B  A  A  A  C  A  T  N  D  S  B  O  U  I  N  R
A  W  G  A  R  D  E  N  T  Y  K  W  G  E  I  S
C  N  H  I  N  G  E  C  L  E  N  H  V  D  T  T
K  M  E  W  T  K  B  S  A  Q  L  O  P  P  U  R
Y  O  R  B  M  R  N  J  A  H  T  C  O  S  R  I
A  W  S  T  A  I  R  C  A  S  E  Z  R  J  E  P
R  E  C  C  M  Y  L  F  D  P  U  F  C  U  T  P
D  R  W  R  J  V  H  O  U  B  F  M  H  O  F  I
C  Y  Q  Y  C  O  O  Y  X  W  F  U  L  I  T  N
G  L  L  A  Y  W  W  P  W  K  A  N  C  I  W  G
```

VENETIAN BLINDS	BACKYARD	CLOTHES WASHER
FAN	FURNITURE	GARDEN
HINGE	LAWNMOWER	LINTEL
LIVING ROOM	PORCH	STAIRCASE
WEATHER STRIPPING		WINDOW
WOOD STOVE		

House Puzzle 68

```
P I S A S H E M B D Z B E J D G
V E U B E D R O O M G U D E C X
U F N D T L K Y W E D R Z Z U V
H L L K S C C S R Y B V G W X A
I M E U O S V T T L A L V C K C
W O W L F O U N D A T I O N U U
C J C O R N I C E P I R W F X U
Q T M Y N U R S E R Y R Q L G M
S K Y L I G H T C W V H S U U C
I Q N M D B A T H T U B R D E L
Q N D A O V E R H A N G C I H E
M E Y N F R O N T D O O R W P A
G B C T R Z O L V B D P U C H N
J M H L K D Q L J T Z Y L P M E
F D C E F F Z V E T V G T V V R
T K U D I X B A S E M E N T L M
```

BASEMENT	BATHTUB	BEDROOM
CORNICE	FOUNDATION	FRONT DOOR
LOCK	MANTLE	NURSERY
OVERHANG	RUG	SASH
SKYLIGHT	STAIRS	VACUUM CLEANER

Kitchen Puzzle 69

```
B S E M Z T H E R M O M E T E R
W C S R S X H Y Z Y K O C W U I
F F O U O B U P M R D F F D W B
N I Q V G A O M W J R B O L U R
V D P J J A S I Z R G P C T R E
V W S Y F P R T L Q F U S E J A
L I W K V Y B B E J O H Y A F D
H Q K T Z D A H O R U R T I O B
C O U N T E R G E W F G G N N A
U T V G H K Y W N N L I K F D S
B T Z X M K B M T O N G S U U K
C Q L I U M A R I N A T E S E E
M E B J R T S H E A R S N E S T
A W A F F L E I R O N P X R E V
D Q U I C H E P A N E C W J T L
I C W Z Y L I P D I X J X H N Y
```

BOIL	BREAD BASKET	COUNTER
FONDUE SET	FRYER	JUG
MARINATE	QUICHE PAN	ROASTER
SHEARS	SUGAR BOWL	TEA INFUSER
THERMOMETER	TONGS	WAFFLE IRON

Kitchen Puzzle 70

```
F  O  O  D  P  R  O  C  E  S  S  O  R  O  W  Q
U  S  P  I  C  E  S  G  U  N  G  F  G  U  T  Q
K  T  A  B  L  E  C  L  O  T  H  X  S  Y  R  I
X  I  Y  D  A  C  B  R  E  E  L  J  X  A  M  C
P  M  J  J  H  P  H  W  X  G  W  E  J  M  C  T
T  O  P  Q  R  I  R  B  T  U  D  E  R  U  Y  R
U  O  O  A  E  R  F  O  L  Y  C  Q  Y  Y  D  M
E  S  C  F  L  T  H  J  N  I  O  U  G  B  E  U
C  O  R  N  P  I  C  K  P  R  A  U  O  N  C  F
Y  G  R  F  O  O  D  S  O  L  X  K  K  R  A  F
I  C  E  B  U  C  K  E  T  S  C  W  Q  E  N  I
A  W  U  H  O  N  E  Y  D  I  P  P  E  R  T  N
F  N  I  Q  M  R  V  Y  P  T  G  O  M  I  E  P
X  Z  Q  T  D  S  T  T  O  X  D  H  N  O  R  A
O  C  A  I  B  E  U  E  Q  M  R  N  D  G  V  N
C  A  C  M  F  N  Q  U  G  D  Z  V  X  V  E  Q
```

APRON	CORN PICK	CUTLERY
DECANTER	FOOD	FOOD PROCESSOR
HONEY DIPPER	ICE BUCKET	MUFFIN PAN
NUT PICK	SPICE JAR	SPICES
SPONGE	TABLECLOTH	

Kitchen Puzzle 71

```
G Z Q D S B B K H W R B D B H Y
L H I M Y H U A A B T B I N W M
E Q Y O G U R T M A K E R A B E
F O J C P B X W T Y L R F J F A
T E S I A W A S T E B A S K E T
O Z I M C B M C C P R T S Y R T
V V F R Q E I W T X Z D T Y K E
E H T O L K B N Q C C H I V I N
R G E N Q G H O E J O H E S N D
S V R K I Q W P X T O V C D H E
D Q O I S K F A F A K D V F V R
S G B K D V C A N O P E N E R I
C D G K I D R C R E A M E R J Z
K X Q B J K L Q J I T M N L G E
D M E A T T H E R M O M E T E R
K S A L T S H A K E R E M M G P
```

BUTTER DISH	CABINET	CAN OPENER
COOK	CREAMER	GRIDDLE
ICE BOX	LEFTOVERS	MEAT TENDERIZER
MEAT THERMOMETER		SALT SHAKER
SIFTER	WASTE BASKET	YOGURT MAKER

Kitchen Puzzle 72

```
C N U T R A S H B A G S M Y Y Z
B A D S K T C N I D B V I X X F
X N V X N Z O G M C Y S D B T A
N F S K E W E B U U E L J O R T
T K W U T F F A P D T P P C E K
O F H E I I X Y L L O K I E K U
A C Q N O R B J I M C D H C T U
S S K C D U I C D O C S Q E K S
T A X E U O B C R J E W L T B Y
E U S L V O U C E I X O T A S A
R C R W P H F G K C R M I T A X
O E X A J U H O H E O F M I U B
V P Q C M M O H S C S O X Z C Q
E A Q A E C N S V G P F K Z E G
N N D T Q S A G K Z R G M E R A
P V H U C C F H V A Y Q W D R F
```

CASSEROLE	COOKIE SHEET	CROCK-POT
DOUGH	ICE PICK	KNIFE
LID	MOP	RICE COOKER
SAUCE PAN	SAUCER	TOASTER OVEN
TRASH BAGS		

Money Puzzle 73

```
K  I  O  E  X  C  H  A  N  G  E  W  S  L  T  U
V  O  N  L  M  D  D  S  S  D  A  V  G  P  E  Q
P  C  M  V  B  P  S  K  N  R  L  H  D  V  M  C
E  O  N  W  E  I  U  U  D  Q  E  N  R  Z  A  T
P  M  V  A  Y  S  F  H  B  U  U  E  E  Q  J  L
K  M  X  E  N  T  T  R  I  O  S  C  D  Y  M  S
V  O  L  V  V  I  C  O  P  E  N  B  E  R  X  X
H  D  G  Y  W  E  A  X  R  A  R  F  E  N  F  B
N  I  E  V  T  Y  B  A  N  K  Z  W  A  U  C  U
F  T  H  A  N  M  U  I  K  Y  H  R  T  C  R  Z
H  Y  N  N  Q  R  F  N  E  O  T  G  M  Q  T  O
G  O  E  T  N  B  L  N  T  E  F  O  J  A  P  B
D  P  O  U  G  G  O  H  G  F  Q  H  G  F  S  N
P  K  T  G  D  M  L  D  W  K  K  P  M  Q  V  Z
O  S  O  J  M  R  U  C  T  E  L  L  E  R  K  F
L  F  X  U  D  B  S  Q  X  X  Y  W  N  A  D  Y
```

EURO	POUND	BANK
BUDGET	COMMODITY	DONATE
EXCHANGE	FINANCE	FUND
INVESTOR	MONEY	PENNY
RESERVE	TELLER	WITHDRAW

Money Puzzle 74

```
G E R T L I Y T W Y M W B G L M
X D F I N A N C I E R N W U K W
W F S L M U X H F J E W G U T K
P E O Z O I W U D S A V E E E N
C I A C H T Y R I C X R S Y A H
I I S L C X A Z A L B A T N R Q
Y I A K T U T N G T S P O G N L
D I E U D H R U R E E R C Y I W
X I R U C W D R Z O S O K X N V
J Y N L D T A O E T E F S J G M
H F B G E P I Q N N J I P P S F
X A W C L I R O H O C T G B J N
H F N W Q K C E N G R Y Q O R L
Z E B D E F I C I T P S H H C M
P E L P E R C E N T A G E R P H
N N Z C A M I E S T A T E P G Z
```

AUCTION	CURRENCY	DEFICIT
DISCOUNT	DONOR	EARNINGS
ESTATE	FINANCIER	PENCE
PERCENTAGE	PROFIT	RATE
SAVE	STOCKS	WEALTH

Money Puzzle 75

```
R  J  B  V  U  A  Y  F  Y  L  E  N  T  Z  F  Q
W  K  C  O  M  P  O  U  N  D  N  A  N  Z  C  X
I  Y  S  T  A  K  O  J  B  O  R  R  O  W  T  H
C  H  G  W  H  T  U  A  O  O  M  T  R  D  U  C
O  K  S  I  D  O  N  A  T  I  O  N  W  J  D  I
U  P  N  T  G  C  B  N  Y  M  G  E  A  U  I  J
T  Y  C  B  R  V  M  J  L  N  N  Q  E  W  M  J
E  Z  Y  C  R  E  D  I  T  C  A  R  D  B  E  H
X  A  L  L  U  C  P  O  R  T  F  O  L  I  O  G
P  E  Z  H  L  A  F  F  O  R  D  D  K  U  R  B
E  K  C  C  A  S  H  L  F  C  U  T  L  L  L  I
N  N  Y  A  X  I  N  V  E  S  T  M  E  N  T  L
S  Y  C  O  L  L  A  T  E  R  A  L  S  L  Y  F
I  T  F  L  X  Y  I  X  P  C  Z  O  P  A  V  P
V  F  T  R  A  D  E  E  W  D  E  W  P  P  L  T
E  C  W  F  R  O  I  D  F  Y  K  O  L  N  Z  Z
```

ATM	AFFORD	BORROW
CASH	COLLATERAL	COMPOUND
CREDIT CARD	DIME	DONATION
EXPENSIVE	INVESTMENT	PAY
PORTFOLIO	SWAP	TRADE

Money Puzzle 76

```
Z B V L Z Q P N B U K L C D D P
T Z A X N S E C U R I T Y F P P
Y H P N J B C H E C K I M F B E
O D R B K E U R Q I Q P P X K T
J O R I T R V Y T T S O F R N A
C W E O F W U H V G G N F O I I
G N B E X T G P N Y Z W Q P N P
O P A S R U Y R T L P U R S E N
C A T H O Q A T H Z S V X N C L
T Y E B O E Z J R J Y T C L Q P
E M Q J Z P X O I T N Y A F Y D
E E S E L L O T I E S J U Y T R
D N O O N P G U C F G T M U M P
Y T Q H K S Q Y E G Z T I B B W
Q U F X E E Y P O D I E Q D Y L
V A T X R O P R S A V I N G S P
```

BANKRUPT

BOUGHT

BUY

CENT

CHECK

DOWN PAYMENT

EARN

EQUITY

POOR

PURSE

REBATE

SAVINGS

SECURITY

SELL

THRIFTY

Music Puzzle 77

```
E  C  I  R  C  L  E  O  F  F  I  F  T  H  S  A
N  N  U  L  T  D  D  V  G  I  Y  R  A  J  V  V
B  O  Y  D  A  R  W  Y  T  H  E  M  E  F  W  C
J  I  T  I  K  A  I  H  F  F  W  F  V  D  P  S
X  Z  R  E  A  V  T  P  C  O  N  B  R  I  O  Y
Q  T  M  E  S  M  P  H  L  N  L  W  K  G  A  N
N  R  N  B  Z  P  I  R  E  E  C  V  T  F  D  C
U  S  A  U  Q  B  I  N  P  O  T  D  E  W  Y  O
H  G  C  G  W  G  C  T  I  R  R  S  L  M  H  P
I  Q  Z  H  G  R  G  Y  C  M  E  Y  Q  H  Y  A
V  Z  V  G  E  B  J  Y  A  H  Z  S  D  W  W  T
I  Z  Z  P  R  R  F  S  X  F  O  J  T  W  L  I
D  Q  T  I  W  C  Z  S  E  Z  S  E  P  O  W  O
E  D  U  B  I  W  H  O  L  E  R  E  S  T  L  N
A  X  H  S  Y  Q  P  U  B  C  H  O  R  D  Z  X
G  S  I  X  T  Y  F  O  U  R  T  H  N  O  T  E
```

CHORD	CIRCLE OF FIFTHS	CON BRIO
MINIM	NOTES	PITCH
PRESTO	SCHERZO	
SIXTY-FOURTH NOTE		SYNCOPATION
THEME	THEORY	TRIAD
TRIPLETS	WHOLE REST	

Music Puzzle 78

```
C H E M I V Q M C W H A S N E O
F G Q N A T U R A L M I N O R J
R Q K P Z O S T I N T E R V A L
E U M H L P N B M A M M S O U B
T A O H M E D S V G V M C S O T
R R C L C R Z Y M L Y K A A T M
A T T C I A C A N O N M L Z R O
N E A C O J Q Z Z A B N E F K D
Q R V D W W X U A F M U T M B E
U R E J F U O A A T C I L H Q R
I E V R V M V H Z V T O C G S A
L S C Q T U N L V M E A D S G T
L T T K M S A R X F H R P A T O
O B P W J I E R T T R E B L E R
M O F P S C A S A Q Y Z Y I G T
C F S Z G I V L U B C J N Q Y Q
```

ACCENT	CANON	CODA
DYNAMICS	INTERVAL	MODERATO
MUSIC	NATURAL MINOR	OCTAVE
OPERA	QUARTER REST	QUAVER
SCALE	TRANQUILLO	TREBLE

Music Puzzle 79

```
Z  Q  U  A  R  T  E  R  N  O  T  E  S  O  H  S
N  D  T  V  D  E  C  R  E  S  C  E  N  D  O  C
C  W  H  O  L  E  T  O  N  E  S  C  A  L  E  D
T  D  H  A  L  F  S  T  E  P  A  I  G  N  Z  C
I  S  D  W  N  E  S  P  R  E  S  S  I  V  O  R
M  K  F  L  Q  U  T  H  M  F  V  A  O  P  Y  E
E  D  U  O  X  P  W  O  R  K  A  H  E  S  Y  S
S  I  C  W  R  F  C  J  T  U  F  T  G  G  A  C
I  S  R  F  R  Z  S  T  E  M  S  J  L  Z  Z  E
G  S  Q  I  E  Q  A  O  I  E  I  L  T  U  Y  N
N  O  A  K  S  O  H  N  L  Q  M  E  T  E  R  D
A  N  L  K  T  A  E  O  D  G  M  L  Z  Y  H  O
T  A  D  H  V  T  H  R  V  O  Z  O  U  R  C  F
U  N  L  Z  C  W  D  X  D  O  X  J  M  K  Q  S
R  C  M  E  L  O  D  I  C  M  I  N  O  R  E  U
E  E  B  G  S  E  Q  U  E  N  C  E  L  X  N  B
```

CRESCENDO	DECRESCENDO	DISSONANCE
ESPRESSIVO	HALF STEP	MELODIC MINOR
METER	QUARTER NOTE	REST
SEQUENCE	SFORZANDO	STEM
TIME SIGNATURE	WHOLE STEP	
WHOLE TONE SCALE		

Music Puzzle 80

```
K X I P F G Y M P A C T A A M E
M I X O L Y D I A N M O D E U T
W V A E O L I A N M O D E M P U
M F A S W L K X Y O B T E S F X
D R E L I G I O S O R V V P O F
S T Q D F X Q X A H Q W A C K K
H R Q F I C T T Q Y K E O R M K
A F H F M M A E N B K E A B M P
R A Z I L M I O E O X M Y E V Y
M G W I R O H N R N H R R K L N
O Z T E X P D G U T T P Q R T J
N E F I Y G E B A E M H L F Q A
Y P Z L E L K E G E N W N M G Z
Q G O V L P R I S B P D O O F Z
N P V A B B X P M Y C R O T T I
M I N T O N A T I O N Z J I V E
```

AEOLIAN MODE   MIXOLYDIAN MODE

ALLEGRO   BREATH MARK   DIMINUENDO

FERMATA   HARMONY   INTONATION

JAZZ   KEY   POLYPHONY

RELIGIOSO   SEMPRE   SIXTEENTH NOTE

TIE

Ocean Puzzle 81

```
E U P H O T I C Z O N E R K G M
F E Z I C T Q G G O M C I B H S
T C Y A F L S Q T U A S G R A B
W O E O Y B D Z L Q N P H I B Q
N E K A N Y I L G W O H T T R S
D L A E X S A W B G W O W T E D
O A E N L O A U F R A K H L Q Q
L C B U G P R S L H R E A E P N
P A A P D L F W U P N C L S O N
H N V A N N E O H N S U E T R B
I T J X K Y T R R E F E J A P J
N H I S P T G B F E L I C R O A
N A N W K C D U O I S K S I I X
W V R L P F F F L I S T G H S K
O Z M O R A Y E E L L H O S E G
A O L T R I G G E R F I S H E S
```

ANGLERFISH	BRITTLE STAR	COELACANTH
DOLPHIN	EUPHOTIC ZONE	GULL
KELP FOREST	MAN-O'-WAR	MORAY EEL
PORPOISE	RIGHT WHALE	SCALES
SUNFISH	TRIGGERFISH	WHELK

Ocean Puzzle 82

```
J  G  R  V  V  K  V  Y  L  Y  R  H  T  A  W  H
M  V  S  L  W  K  D  L  H  N  Y  L  W  E  B  I
O  S  O  X  W  D  I  I  I  I  O  P  T  R  D  G
S  Z  R  G  F  R  N  F  G  O  K  Q  V  T  F  R
E  Z  P  W  K  F  W  C  H  Y  A  L  P  R  A  X
A  S  F  E  H  O  Y  C  C  D  V  J  E  L  I  K
A  W  L  G  L  A  S  G  Q  K  S  P  L  F  V  M
N  A  A  L  N  X  L  Y  U  T  U  O  E  A  R  L
E  M  E  L  S  R  A  E  N  O  D  E  Q  L  A  W
M  Y  R  Y  R  R  S  E  R  D  R  B  A  E  D  H
O  W  A  A  G  U  R  G  N  L  S  E  S  C  H  F
N  R  R  N  Y  R  S  A  A  I  S  R  J  O  Q  Z
E  Q  I  J  U  Y  S  R  M  O  U  E  Z  M  M  G
W  T  K  C  F  K  O  Z  O  F  T  P  E  Y  U  H
S  L  L  G  Q  C  B  V  N  K  S  C  E  R  W  W
F  M  A  R  I  N  E  B  I  O  L  O  G  Y  L  A
```

CORAL REEF	CURRENTS	FUR SEAL
GROUPER	KRILL	MARINE BIOLOGY
RAY	SAND DOLLAR	SCHOOL
SEA ANEMONE	SEAL	STINGRAY
WALRUS	WHALE	YELLOWFIN

Ocean Puzzle 83

```
T H L I T T O R A L Z O N E M B
I S V G I A N T S Q U I D F P H
E N M N O D R V S T I I D A E A
T A O T S C F J J E L M T N L D
G I L A E Q I V U F C Q I M E Z
O L L R A F Q Y B X R R H V P R
D B U P C H K H I R A M G C H I
H N S O O C M C V M A Z X B A R
Q M K N W K T R B L X T X R N Z
B L A P B F M U C O B A S S T R
K C Y L O S S U M F Y O G V S J
O B A R R A C U D A P B D C E D
W X Y Y F D P L I M P E T F A A
M U L L E T U Y D C Z E E O L N
P T I G E R S H A R K J Z Y I R
D G K P H Y T O P L A N K T O N
```

BARRACUDA	BASS	CLAM
ELEPHANT SEAL	GIANT SQUID	LIMPET
LITTORAL ZONE	MOLLUSK	MULLET
PHYTOPLANKTON	SEA COW	SNAIL
SUBMARINE	TARPON	TIGER SHARK

Ocean Puzzle 84

```
N  G  V  E  B  B  T  I  D  E  D  F  R  A  A  H
H  Y  H  B  I  S  N  I  A  U  L  N  L  W  R  P
P  C  P  R  V  E  E  A  V  A  Z  K  F  R  Z  L
P  T  T  N  K  S  E  A  R  R  E  Y  K  S  Z  E
K  A  Q  J  J  J  A  O  B  M  B  R  S  E  T  M
A  K  N  O  S  E  C  L  T  A  A  A  J  A  A  W
F  V  E  X  Y  E  F  H  I  H  S  Y  E  C  S  I
C  R  A  B  U  S  A  F  S  N  O  S  G  U  H  W
Y  P  P  M  W  Y  T  S  K  J  I  F  C  C  A  H
D  I  T  A  A  W  B  E  T  A  H  T  R  U  D  I
Z  D  I  N  V  V  A  T  R  A  A  L  Y  M  K  T
Q  G  D  A  E  R  P  L  B  T  R  F  E  B  E  E
A  E  E  T  S  O  L  P  G  G  Q  O  U  E  L  C
G  D  E  E  V  I  Z  N  O  A  M  T  A  R  P  A
L  U  S  E  T  F  H  H  G  G  E  E  C  L  Q  P
G  A  A  Q  T  D  I  A  X  W  H  W  O  Q  E  S
```

ALGAE	CORAL	EBB TIDE
KELP	MANATEE	NEAP TIDE
OYSTER	SALINITY	SEA BASS
SEA CUCUMBER	SEA STAR	SHAD
SHARK	WAVES	WHITECAPS

Plants Puzzle 85

```
M A L F A L F A G R E O E T A G
R X A Y C N I M R I O R E A S P
O X V P L U M U L E U L Q P Y P
V E Y R N P J E C T F W P E F E
W R Y U H B M O L A H I W W U T
E O V C C M A U E H S Z S R S R
A P E D D C C L E F T L E A F I
U H G X Y I A N N U A L B J G F
X Y E F R Q H O N C L V Z E N I
G T T G M T R R G S G J T E H E
D E A F I H E T N K N A U C N D
T R B P E H U H B R N O K S M W
S O L R T R M S I N G Q T N I O
H E E N L T N J I W S C Q Q C O
A J A O S A Z P J D J I B Y M D
S K O S U C C U L E N T S N O V
```

AGRICULTURE   ALFALFA   ANNUAL
ANTHER   CLEFT LEAF   FERN
LEAFLET   PETRIFIED WOOD   PINNATE
PITH   PLUMULE   SUCCULENTS
VEGETABLE   XEROPHYTE   YUCCA

Plants Puzzle 86

```
P  R  M  C  I  K  H  B  G  X  P  J  W  M  G  R
H  R  B  G  Y  C  O  R  M  I  Q  W  E  Q  W  A
O  V  W  U  F  N  Y  B  X  P  H  D  E  E  K  L
T  M  S  D  M  L  X  N  T  O  D  F  D  V  E  T
O  D  V  S  X  O  O  S  Y  V  P  N  G  E  L  E
S  S  O  V  B  M  N  R  E  M  D  G  G  R  P  R
Y  H  Z  J  H  K  B  O  A  P  C  M  Z  G  Q  N
N  A  T  C  N  M  T  X  C  L  A  O  V  R  P  A
T  M  D  H  E  U  E  O  W  O  S  L  V  E  L  T
H  R  R  R  O  X  J  D  G  N  T  F  T  E  D  E
E  O  S  Q  A  R  T  Q  B  A  R  K  Q  N  O  L
S  C  J  S  F  C  N  P  M  N  E  T  T  E  D  E
I  K  J  T  J  R  H  C  V  R  I  H  Y  S  I  A
S  H  W  N  D  D  N  I  Q  J  M  G  P  C  J  V
J  E  X  N  D  A  B  I  S  M  F  H  Z  R  V  E
E  N  B  C  R  X  Q  C  N  M  G  P  S  B  Y  S
```

ALTERNATE LEAVES		BARK
CORM	EMBRYO	EVERGREEN
FLORA	KELP	MONOCOT
NETTED	PHOTOSYNTHESIS	RACHIS
SEPAL	SHAMROCK	THORN
WEED		

Plants Puzzle 87

```
G I M P E R F E C T F L O W E R
B X B O U V E G E T A T I O N C
O X H L A M D F P J X J F R V O
L H P S A G E B R U S H F I P A
A A O A B D F A X I L S T O M A
T G T Q R P E W R M Z N H I D Q
Q H T E T T G D T S T F A Q P O
C V Y O R H E U M S W C M A Q B
V P O N Y A U D J W I O C X H M
B H Y R Z T L S L L G T C B C J
S F O H F V F B R E O I W V S A
C R Q X C O R K U O A B N E B K
E G L U Y N M I R D W F D U C F
P V A Z M B C K C Y B R I N G S
B K Z C L T U B E R E E V J S V
O D D E N T A T E L E A F P M V
```

AXIL	BLADE	CORK
DENTATE LEAF	IMPERFECT FLOWER	
LATERAL BUD	PARTED LEAF	RINGS
ROOT CAP	SAGE BRUSH	SHOOT
STOMA	TUBER	TWIG
VEGETATION		

Plants Puzzle 88

```
B  S  P  L  A  M  I  N  A  U  Y  N  F  Q  T  F
W  C  K  A  Z  G  E  V  J  Y  L  B  N  F  R  H
K  D  W  Z  L  L  B  Q  H  D  R  X  G  Z  E  S
Z  L  H  E  J  M  W  R  K  Q  B  H  S  Z  E  Q
P  H  O  Z  T  I  A  C  K  S  P  W  T  V  F  P
T  S  R  W  K  E  I  T  R  P  T  V  A  O  E  E
Q  Y  L  R  H  U  R  E  E  O  W  E  M  N  R  K
K  S  E  E  Q  D  H  M  S  R  L  M  L  U  N  I
N  E  D  J  P  M  X  R  I  E  J  T  I  F  V  G
Y  E  B  X  I  E  I  R  T  N  Q  E  T  X  Y  E
P  D  N  Y  P  A  T  I  G  C  A  C  T  U  S  E
D  P  I  A  H  D  S  A  O  L  A  L  W  B  U  D
E  O  S  T  A  O  P  H  L  O  E  M  B  R  V  D
U  D  O  G  P  E  R  A  N  B  S  G  K  U  L  M
R  O  D  P  G  H  M  R  A  N  D  G  E  Z  D  V
R  A  O  X  S  I  M  B  C  Z  G  H  Z  S  L  Z
```

BUD	CACTUS	LAMINA
OPPOSITE LEAVES	PALMATE	PETAL
PHLOEM	ROOT HAIRS	SAP
SEED POD	SPORE	TERMINAL BUD
TREE FERN	WHORLED	

Restaurant Puzzle 89

```
C V F L D I S H W A S H E R P P
W F E O D X U E B E R D J R U I
F Q T W Y Z X S C R N K I F X G
O V Z O L B S I P W E L G O B R
I J C I T L Z S U F Z A Q R O E
N Q M E A L A O L O C D D K I S
G S R J D S U J W O P W X F L T
R L O U V T K R L D K C H M E A
E J H D U P D A Z H Z C W Y D U
D R B D A Z I R T N I D N J P R
I Q G V R C R J E W Y S P N W A
E L A Q E U J Q D S A D Q L Q N
N G U P P W H N U U S T D O X T
T A S W S E A F O O D I E I F Q
S S S X L S P G G N C W N R J I
P W S O P A M E N U X L W G U V
```

BOILED	BREAD	DISHWASHER
DRESSING	FOOD	FORK
INGREDIENTS	MEAL	MENU
RESTAURANT	SANDWICH	SEAFOOD
SODA	SPECIAL	WATER

Restaurant Puzzle 90

```
G  T  S  P  S  T  A  R  T  E  R  S  T  X  E  F
R  D  H  C  R  D  E  I  W  Q  G  V  V  I  C  T
K  U  O  J  O  K  K  S  K  B  R  F  C  O  M  B
Q  R  T  Y  A  S  Q  L  N  L  T  A  B  L  E  X
Q  C  H  C  S  M  C  S  I  A  F  T  S  O  I  W
X  D  J  A  I  X  U  I  F  C  H  R  N  R  K  T
S  D  L  R  C  I  P  G  E  K  E  E  E  A  M  H
I  G  T  O  I  Y  K  F  R  U  A  Z  K  L  A  T
R  C  I  A  K  L  O  S  W  T  D  E  S  A  I  F
B  W  E  S  Z  S  A  L  T  V  W  G  B  C  T  P
B  L  S  T  S  K  E  O  I  F  A  G  R  A  R  Y
L  O  O  E  T  S  F  R  K  I  I  S  E  R  E  Y
E  U  D  D  J  L  A  P  V  B  T  L  I  T  D  I
D  O  G  G  I  E  B  A  G  E  E  W  Y  E  O  C
A  L  N  N  Q  K  I  E  K  Y  R  B  O  A  D  U
S  C  X  T  Y  H  H  U  L  A  K  I  V  K  B  X
```

A LA CARTE	CAKE	DOGGIE BAG
EGGS	GLASS	HEAD WAITER
ICE	KNIFE	MAITRE D'
MUG	ROASTED	SALT
SERVER	STARTERS	TABLE

Restaurant Puzzle 91

```
S  A  L  A  D  D  R  T  X  V  E  X  D  I  N  V
H  K  I  Z  I  J  O  S  H  E  B  E  Z  R  M  G
E  R  B  F  R  E  N  C  H  F  R  I  E  S  X  C
A  R  E  V  H  A  M  B  U  R  G  E  R  J  C  U
R  D  V  C  V  X  J  D  I  S  H  I  C  E  D  U
U  Y  E  A  X  C  O  N  D  I  M  E  N  T  S  L
L  P  R  F  B  X  H  S  Z  Z  R  I  J  U  J  E
X  V  A  E  V  P  O  I  B  A  E  F  C  Z  P  M
M  O  G  T  N  I  N  G  W  R  A  G  U  I  J  O
N  V  E  E  F  N  Q  R  O  T  A  Y  T  O  U  N
A  Q  S  R  V  D  E  X  D  A  D  I  A  S  G  A
Y  S  W  I  U  V  V  O  K  X  M  G  S  D  B  D
T  C  A  A  L  S  B  X  J  E  I  A  G  E  I  E
L  V  O  I  R  I  V  Z  V  R  N  A  N  Y  D  R
X  Y  S  O  A  K  E  C  O  O  K  E  D  R  Z  O
I  Y  T  C  K  M  U  D  L  E  D  X  O  J  A  F
```

FRENCH FRIES	BEVERAGE	BRAISED
CAFETERIA	CONDIMENTS	COOK
COOKED	DISH	HAMBURGER
ICED	LEMONADE	SALAD
SILVERWARE	TAX	TIP

Restaurant Puzzle 92

```
F  V  S  G  Z  Z  T  O  G  O  Y  G  X  P  K  O
W  D  I  T  I  X  A  P  P  E  T  I  Z  E  R  K
E  I  I  E  E  H  N  L  M  J  R  U  U  Y  E  Z
X  P  I  N  Q  A  E  A  T  M  L  E  R  D  X  U
A  C  T  J  E  Q  K  V  P  R  E  E  J  Z  T  S
W  K  X  V  T  R  U  O  V  K  L  R  F  Y  A  R
Y  P  R  E  S  E  R  V  A  T  I  O  N  G  S  U
V  E  G  W  B  T  P  Y  U  R  T  N  W  O  T  R
F  K  Y  O  S  Q  A  C  E  S  B  I  G  E  Y  R
W  A  A  I  U  I  L  D  B  K  B  L  R  O  L  L
D  M  B  P  Y  R  R  C  A  F  E  R  C  T  X  I
S  G  D  U  G  O  M  A  G  O  V  J  H  K  F  B
M  O  C  Y  E  Z  Y  E  L  Q  S  T  A  N  T  T
W  Y  U  D  P  T  D  L  T  U  A  S  R  M  R  H
Z  X  I  P  L  X  H  J  T  P  Z  N  G  E  H  V
R  S  U  R  P  H  F  G  F  L  E  Q  E  W  S  X
```

APPETIZER	BISTRO	CAFE
CHARGE	CUTLERY	DINER
GOURMET	NAPKIN	RESERVATION
ROLL	SIDE ORDER	SOUP
STEAK	TASTY	TO GO

Spring Puzzle 93

```
E I M L J I R K I S E E O X F P
X V E R N A L E Q U I N O X K X
S N F A X S P R I N G B R E A K
U S P R I N G D R S E U N B S R
V N E C P N U B B H U C U B X J
C T S B R B X G T I J M W W T L
F B E V O D V N F N L X O O G E
N M R J H D I P L E F B N W Z I
V B O C C C V F R V N Y Q Y W X
R N T A A U L T Y I X P K A N S
F A A Y H E J N A O G F H W W E
H N H Z N E N R Y T G Y X P C A
K B V U W U N E S T Y E K O H S
S Y J Z B M R Y Y I H V X X Y O
D C R O C U S B A S E B A L L N
P B K E P A S Q U E F L O W E R
```

JUNE	BASEBALL	BUD
BUNNY	CROCUS	HATCH
HYACINTH	NEST	PASQUE FLOWER
RAINBOW	SEASON	SPRING
SPRING BREAK	SUNSHINE	VERNAL EQUINOX

Spring Puzzle 94

```
U A T L B O G U H J Y G S G G N
G E F I I C B L N U U H N Z I R
M U R F B A O D P B R I W B O Q
C T A E O T R S F E N P O I D P
T E I C U B N G H A K R R T R D
Q D N Y X E N T E K H V T T E B
C A B C B P A L W I N D Y A B U
A H Z L V E C X M G V B E D I T
G F G E W G R A S S M A I P R T
X F D Q N B E U Z A Z O E O T E
N V J I D L E O L I H O T L H R
Z B R A L O W U S V R X J E A F
F P L Z E A S T E R W U G S Q L
S D R O A K J V W U Z Q H Y V Y
U H K Q O K C P A Q Q W A F G P
J J G I Q M W L T Z D M G D G D
```

EASTER	MAY	BLOOM
BORN	BUTTERFLY	GRASS
LAMB	LIFE CYCLE	RAIN
REBIRTH	ROBIN	SPRING CLEANING
TADPOLE	WEATHER	WINDY

Spring Puzzle 95

```
R Q T K E O L C N J V Q I Y K Z
U F I C C J H O N V H I S M T H
W M V R I X C C W K B S Q N S P
V N B H C T J B L O S S O M E O
G B D R M H D X B I R T H D R H
M A C A E D I K P I Y E M Q M M
N B M M F L A C Q B L G A N J W
Q Y E I N F L D K M A M R D K U
U A L G B A O A E Z M F C O X R
C N T S R W R D H S E D H T H Y
R I Y P E E A C I O G R E E N R
K M U R E Q Z R I L J R M R Q X
L A E O Z J F P M S Z D U Y F U
G L Q U E M Y O G I S R S W Z Z
E S S T Z I D G A K N U T M U S
L S L D L J E B P L P G S N B B
```

MARCH	BABY ANIMALS	BIRTH
BLOSSOM	BREEZE	CHICK
DAFFODIL	EGGS	FOAL
GREEN	MELT	NARCISSUS
SPROUT	UMBRELLA	WARMING

Spring Puzzle 96

```
O O B K O S N U M D T T N M T K
I O E B U L B S P Z C M F K B Q
O R P O L L I W O G L W N H R O
U A T V F R G O T G Z O O E X I
H I Y U G M I A W P F M K R K Q
T N N Z L E V A L H J C U M M K
W C M P P I X P B O I M H N N I
C O L U S F P R R L S T I G C D
D A I D P L S I S M I H I G K B
I T M D D O X L E B I P E H E A
M X G L E W Y R B O C H O S R B
U G N E N E Y A T H A W K G O Y
K V T S X R R Z A L M S O W B G
V A O I C S Z W B R Q X Y U A O
S N O W D R O P F U I W A L M A
A X V T H L Z G R O W B Q K W T
```

APRIL	BULBS	FLOWERS
GALOSHES	GROW	KID BABY GOAT
POLLIWOG	PUDDLES	RABBIT
RAINCOAT	SLICKER	SNOWDROP
THAW	TULIP	WORM

Time Puzzle 97

```
E T L V C H R O N O M E T E R J
D I E Y A X W Q F T E I A E V D
G M F R S I N X K A E U G G N A
M E P O C H W X G T L H T R I Y
I Z X O U S A E V P R L E C G S
D O Y V F P A Q U E T V I K H O
M N T R S E A S O N A V W M T F
O E C W S S V T U U O W T L T T
R L Z N I Z E Z Q F N V N Z I H
N A T V L L R C H C E I E J M E
I E Q X W E I X T L L R G L E W
N J A M T Z F G V Q E I C H W E
G X S N H B S Y H N I F X X T E
E E I I E N J H Q T T G F F M K
C W M D N M W T S M M F Q D E Z
O O E H C U C K O O C L O C K Y
```

UTC	CHRONOMETER	CUCKOO CLOCK
DAYS OF THE WEEK		EPOCH
FALL	MIDMORNING	NIGHT
NIGHTTIME	QUAVER	SEASON
THEN	TIME ZONE	TWILIGHT
WINTER		

Time Puzzle 98

```
P  Q  U  L  U  N  A  R  M  O  N  T  H  M  K  F
R  K  F  I  G  I  A  M  T  O  H  Y  A  O  D  U
I  E  Z  O  D  V  E  I  L  E  O  R  F  M  P  A
M  I  K  K  R  M  Q  L  E  F  D  L  T  E  R  L
E  A  W  Z  I  B  S  L  K  O  D  Y  E  N  E  J
M  X  Z  T  K  L  G  I  I  U  N  H  R  T  M  O
E  V  S  Z  M  N  D  S  P  R  I  N  G  A  A  B
R  B  B  A  E  E  A  E  V  Z  C  W  C  R  T  G
I  J  B  S  Z  J  Y  C  S  B  T  R  V  I  U  H
D  W  M  Q  B  N  T  O  T  J  F  D  B  L  R  Z
I  P  M  L  Y  N  I  N  W  H  E  R  E  Y  E  X
A  S  K  A  L  N  M  D  F  V  T  B  L  V  V  N
N  A  L  D  U  C  E  X  D  E  Q  F  L  Y  P  F
K  E  I  L  E  A  P  S  E  C  O  N  D  L  Q  X
D  S  A  F  T  E  R  N  O  O  N  P  J  R  L  U
L  R  Y  T  F  A  F  K  O  J  C  K  O  K  J  V
```

AFTER	AFTERNOON	BELL
DAYTIME	DELAY	EON
LEAP SECOND	LUNAR MONTH	MILLISECOND
MOMENTARILY	PREMATURE	PRIME MERIDIAN
SPRING	TIME	

Time Puzzle 99

```
K A O M Y E S T E R Y E A R D T
P F S I D E R E A L T I M E G G
R E I T I M E K E E P E R M W D
I R H N D K V D Z U L U T I M E
R H B S B Q U A R T Z C L O C K
O N O E E F S K U S S Z V Y T G
C F I R F C V Y H H O R H U O T
I A X I O O O Y Q B W M H P I K
T J L H J L R N A R E A E Y V T
X Q Q A X V O E D F P H A D G L
Q U J N I E B G N X C F N W A N
B I F D K U L B Y T X X N P U Y
V I P S J T D M A W A Z U O V T
C K N A D X H W R D B D A D T Z
S Y N C H R O N I Z E D L O G D
J D A Q U A R T E R H O U R M Y
```

ZULU TIME	ANNUAL	BEFORE
HANDS	HOROLOGY	QUARTER HOUR
QUARTZ CLOCK	SECOND	SIDEREAL TIME
SOMEDAY	SYNCHRONIZED	TIMEKEEPER
WATCH	YESTERYEAR	

Time Puzzle 100

```
U  K  O  S  S  T  O  P  W  A  T  C  H  J  N  K
P  S  V  Y  M  E  J  X  E  H  S  R  G  J  B  V
Z  M  Q  L  W  I  X  F  I  C  U  Y  R  E  C  E
I  T  K  Q  K  K  C  O  P  E  N  V  Y  K  M  T
X  O  C  L  O  C  K  R  S  Q  S  N  R  I  W  Y
Q  G  V  U  B  V  Y  K  O  C  E  H  T  O  S  Y
N  S  S  L  A  F  E  J  I  S  T  D  R  I  X  E
G  D  U  Z  P  Z  E  T  W  F  E  R  R  X  S  S
M  O  R  N  I  N  G  A  O  B  O  C  O  B  A  T
M  S  C  J  R  O  D  N  R  M  Q  N  O  L  M  E
H  X  U  A  P  I  A  M  O  L  I  C  O  N  V  R
I  A  U  F  P  T  S  T  T  U  Y  S  D  L  D  D
C  Q  R  K  N  A  A  E  Q  A  V  D  N  I  L  A
I  M  U  X  O  J  B  E  F  Y  U  X  X  D  R  Y
M  T  I  M  E  P  I  E  C  E  P  S  T  D  T  R
W  F  P  E  R  I  O  D  Q  H  S  J  N  V  W  Y
```

AM	BEDTIME	EARLY
EQUINOX	MICROSECOND	MORNING
O'CLOCK	PERIOD	STOPWATCH
SUNRISE	SUNSET	TIMEPIECE
TOMORROW	YESTERDAY	

Beach Puzzle 1 - Solution

Beach Puzzle 2 - Solution

Beach Puzzle 3 - Solution

Beach Puzzle 4 - Solution

Birds Puzzle 5 - Solution

Birds Puzzle 6 - Solution

Birds Puzzle 7 - Solution

Birds Puzzle 8 - Solution

Birthday Puzzle 9 - Solution

Birthday Puzzle 10 - Solution

Birthday Puzzle 11 - Solution

Birthday Puzzle 12 - Solution

Buildings Puzzle 13 - Solution

Buildings Puzzle 14 - Solution

Buildings Puzzle 15 - Solution

Buildings Puzzle 16 - Solution

Camping Puzzle 17 - Solution

Camping Puzzle 18 - Solution

Camping Puzzle 19 - Solution

Camping Puzzle 20 - Solution

Cars Puzzle 21 - Solution

Cars Puzzle 22 - Solution

Cars Puzzle 23 - Solution

Cars Puzzle 24 - Solution

Clothing Puzzle 25 – Solution

Clothing Puzzle 26 – Solution

Clothing Puzzle 27 – Solution

Clothing Puzzle 28 – Solution

Countries Puzzle 29 - Solution

Countries Puzzle 30 - Solution

Countries Puzzle 31 - Solution

Countries Puzzle 32 - Solution

Dance Puzzle 33 - Solution

Dance Puzzle 34 - Solution

Dance Puzzle 35 - Solution

Dance Puzzle 36 - Solution

Dogs Puzzle 37 - Solution

Dogs Puzzle 38 - Solution

Dogs Puzzle 39 - Solution

Dogs Puzzle 40 - Solution

Energy Puzzle 41 - Solution

Energy Puzzle 42 - Solution

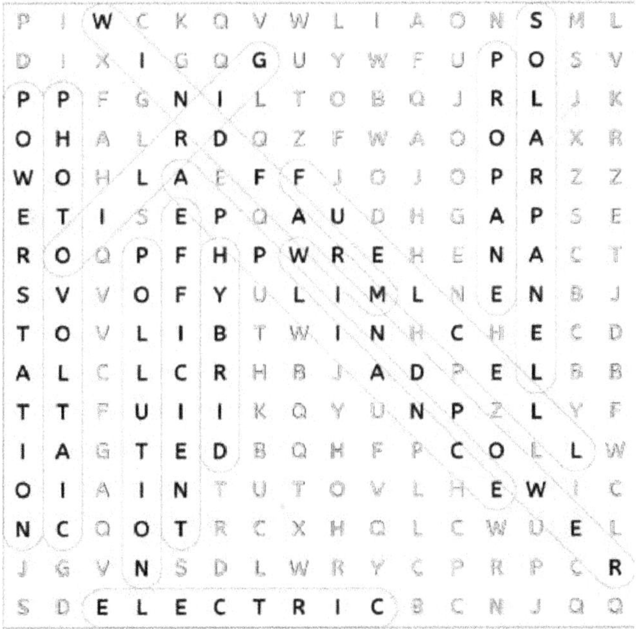

Energy Puzzle 43 - Solution

Energy Puzzle 44 - Solution

Family Puzzle 45 - Solution

Family Puzzle 46 - Solution

Family Puzzle 47 - Solution

Family Puzzle 48 - Solution

Farm Puzzle 49 - Solution

Farm Puzzle 50 - Solution

Farm Puzzle 51 - Solution

Farm Puzzle 52 - Solution

Food Puzzle 53 - Solution

Food Puzzle 54 - Solution

Food Puzzle 55 - Solution

Food Puzzle 56 - Solution

Happiness Puzzle 57 - Solution

Happiness Puzzle 58 - Solution

Happiness Puzzle 59 - Solution

Happiness Puzzle 60 - Solution

Herbs and Spices Puzzle 61 - Solution

Herbs and Spices Puzzle 62 - Solution

Herbs and Spices Puzzle 63 - Solution

Herbs and Spices Puzzle 64 - Solution

House Puzzle 65 - Solution

House Puzzle 66 - Solution

House Puzzle 67 - Solution

House Puzzle 68 - Solution

Kitchen Puzzle 69 – Solution

```
B S E M Z T H E R M O M E T E R
W C S R S X H Y Z Y K O C W U I
F F O U O B U P M R D F F D W B
N I Q V G A O M W J R B O L U R
V D P J A S I Z R G P C T R E
V W S Y F P R T L Q F U S E J A
L I W K V Y B B E J O H Y A F D
H Q K T Z D A H O R U R T I O B
C O U N T E R G E W F G G N N A
U T V G H K Y W N L I K F D S
B T Z X M K B M T O N G S U U K
C Q L I U M A R I N A T E S E E
M E B J R T S H E A R S N E S T
A W A F F L E I R O N P X R E V
D Q U I C H E P A N E C W J T L
I C W Z Y L I P D I X J X H N Y
```

Kitchen Puzzle 70 – Solution

```
F O O D P R O C E S S O R O W Q
U S P I C E S G U N G F G U T Q
K T A B L E C L O T H X S Y R I
X I Y D A C B R E E L J X A M C
P M J J H P H W X G W E J M C T
T O P Q R I R B T U D E R U Y R
U O O A E R F O L Y C O Y D M I
E S C F L T H J N I Q U G B E U
C O R N P I C K P R A U O N C F
Y G R F O O D S O L X K K R A F
I C E B U C K E T S C W Q E N I
A W U H O N E Y D I P P E R T N
F N I Q M R V V P T G O M I E P
X Z Q T D S T T O X D H N Q R A
Q C A I B E U E Q M R N D G V N
C A C M F N Q U G D Z V X V E Q
```

Kitchen Puzzle 71 – Solution

```
G Z Q D S B B K H W R B D B H Y
L H I M Y H U A A B T B I N W M
E Q Y O G U R T M A K E R A B E
F O J C P B X W T Y L R F J F A
T E S I A W A S T E B A S K E T
O Z I M C B M C C P R T S Y R T
V V F R Q E I W T X Z D T Y K E
E H T O L K B N Q C H I V I N
R G E N Q G H O E J O H E S N D
S V R K I Q W P X T O V C D H E
D Q Q I S K F A F A K D V F V R
S G B K D V C A N O P E N E R I
C D G K I D R C R E A M E R J Z
K X Q B J K L Q J I T M N L G E
D M E A T T H E R M O M E T E R
K S A L T S H A K E R E M M G P
```

Kitchen Puzzle 72 – Solution

```
C N U T R A S H B A G S M Y Y Z
B A D S K T C N I D B V I X X F
X N V X N Z O G M C Y S D B T A
N F S K E W E B U U E L J O R T
T K W U T F F A P D T P P C E K
O F H E I X Y L L O K I E K U
A C Q N R B J I M C Q H C T U
S S K C D U I C D O C S Q E K S
T A X E U O B C R J E W L T B Y
E U S L V Q U C E I X O T A S A
R C R W P H F G K C R M I T A X
O E X A J U H O H E O F M I U
V P Q C M M O H S C S O X Z C Q
E A Q A E C N S V G P P K Z E G
N N D T Q S A G K Z R G M E R A
P V H U C C F H V A Y Q W D R F
```

Page 122

Money Puzzle 73 - Solution

Money Puzzle 74 - Solution

Money Puzzle 75 - Solution

Money Puzzle 76 - Solution

Music Puzzle 77 - Solution

Music Puzzle 78 - Solution

Music Puzzle 79 - Solution

Music Puzzle 80 - Solution

Ocean Puzzle 81 - Solution

Ocean Puzzle 82 - Solution

Ocean Puzzle 83 - Solution

Ocean Puzzle 84 - Solution

Plants Puzzle 85 - Solution

Plants Puzzle 86 - Solution

Plants Puzzle 87 - Solution

Plants Puzzle 88 - Solution

Restaurant Puzzle 89 - Solution

```
C  V  F  L  D  I  S  H  W  A  S  H  E  R  P  P
W  F  E  O  D  X  U  E  B  E  R  D  J  R  U  I
F  Q  T  W  Y  Z  X  S  R  N  K  I  F  X  G
O  V  Z  O  L  B  S  I  P  W  E  L  G  O  B  R
I  J  C  I  T  L  Z  S  U  F  Z  A  Q  R  O  E
N  Q  M  E  A  L  A  O  L  O  C  D  D  K  I  S
G  S  R  J  D  S  U  J  W  O  P  W  X  F  L  T
R  L  O  U  V  T  K  R  L  D  K  C  H  M  E  A
E  J  H  D  U  P  D  A  Z  H  Z  C  W  Y  D  U
D  R  B  D  A  Z  I  R  T  N  I  D  N  J  P  R
I  Q  G  V  R  C  R  J  E  W  Y  S  P  N  W  A
E  L  A  Q  E  U  J  Q  D  S  A  D  Q  L  Q  N
N  G  U  P  P  W  H  N  U  U  S  T  D  O  X  T
T  A  S  W  S  E  A  F  O  O  D  I  E  I  F  Q
S  S  S  X  L  S  P  G  G  N  C  W  N  R  J  I
P  W  S  O  P  A  M  E  N  U  X  L  W  G  U  V
```

Restaurant Puzzle 90 - Solution

```
G  T  S  P  S  T  A  R  T  E  R  S  T  X  E  F
R  D  H  C  R  D  E  I  W  Q  G  V  V  I  C  T
K  U  O  J  O  K  K  S  K  B  R  F  C  O  M  B
Q  R  T  Y  A  S  Q  L  N  L  T  A  B  L  E  X
Q  C  H  C  S  M  C  S  I  A  F  T  S  O  I  W
X  D  J  A  X  U  I  F  C  H  R  N  R  K  T
S  D  L  R  C  I  P  G  E  K  E  E  E  A  M  H
I  G  T  O  I  K  F  R  U  A  Z  K  L  A  T
R  C  I  A  K  L  O  S  W  T  D  E  S  A  I  F
B  W  E  S  Z  S  A  L  T  V  W  G  B  C  T  P
B  L  S  T  S  K  E  O  I  F  A  G  R  A  R  Y
L  O  O  E  T  S  F  R  K  I  I  S  E  R  E  Y
E  U  D  D  J  L  A  P  V  B  T  L  I  T  D  I
D  O  G  G  I  E  B  A  G  E  E  W  Y  E  O  C
A  L  N  N  Q  K  I  E  K  Y  R  B  Q  A  D  U
S  C  X  T  Y  H  H  U  L  A  K  I  V  K  B  X
```

Restaurant Puzzle 91 - Solution

```
S  A  L  A  D  D  R  T  X  V  E  X  D  I  N  V
H  K  I  Z  I  J  O  S  H  E  B  E  Z  R  M  G
E  R  B  F  R  E  N  C  H  F  R  I  E  S  X  C
A  R  E  V  H  A  M  B  U  R  G  E  R  J  C  U
R  D  V  C  V  X  J  D  I  S  H  I  C  E  D  U
U  Y  E  A  X  C  O  N  D  I  M  E  N  T  S  L
L  P  R  F  B  X  H  S  Z  Z  R  I  J  U  J  E
X  V  A  E  V  P  O  I  B  A  E  F  C  Z  P  M
M  O  G  T  N  I  N  G  W  R  A  G  U  I  J  O
N  V  E  E  F  N  Q  R  O  T  A  Y  T  O  U  N
A  Q  S  R  V  D  E  X  D  A  D  I  A  S  G  A
Y  S  W  I  U  V  V  O  K  X  M  G  S  D  B  D
T  C  A  A  L  S  B  X  J  E  I  A  G  E  I  E
L  V  O  I  R  I  V  Z  V  R  N  A  N  Y  D  R
K  Y  S  O  A  K  E  C  O  O  K  E  D  R  Z  O
I  Y  T  C  K  M  U  D  L  E  Q  X  Q  J  A  F
```

Restaurant Puzzle 92 - Solution

```
F  V  S  G  Z  Z  T  O  G  O  Y  G  X  P  K  O
W  D  I  T  I  X  A  P  P  E  T  I  Z  E  R  K
E  I  I  E  E  H  N  L  M  J  R  U  U  Y  E  Z
X  P  I  N  Q  A  E  A  T  M  L  E  R  D  X  U
A  C  T  J  E  Q  K  V  P  R  E  E  J  Z  T  S
W  K  X  V  T  R  U  O  V  K  L  R  F  Y  A  R
Y  P  R  E  S  E  R  V  A  T  I  O  N  G  S  U
V  E  G  W  B  T  P  Y  U  R  T  N  W  O  T  R
F  K  Y  O  S  Q  A  C  E  S  B  I  G  E  Y  R
W  A  A  I  U  I  L  D  B  K  B  L  R  O  L  L
D  M  B  P  Y  R  R  C  A  F  E  R  C  T  X  I
S  G  D  U  G  O  M  A  G  O  V  J  H  K  F  B
M  O  C  Y  E  Z  Y  E  L  Q  S  T  A  N  T  T
W  Y  U  D  P  T  D  L  T  U  A  S  R  M  R  H
Z  X  I  P  L  X  H  J  T  P  Z  N  G  E  H  V
R  S  U  R  P  H  F  G  F  L  E  Q  E  W  S  X
```

Spring Puzzle 93 - Solution

Spring Puzzle 94 - Solution

Spring Puzzle 95 - Solution

Spring Puzzle 96 - Solution

Time Puzzle 97 - Solution

Time Puzzle 98 - Solution

Time Puzzle 99 - Solution

Time Puzzle 100 - Solution

MyLibrary Pressbook